쉽게 배우고 생활에 바로 쓰는

엑셀 기초

(주)지아이에듀테크 저

iCox
Education by Sympathy

쉽게 배우고 생활에 바로 쓰는

엑셀 기초

초판 1쇄 인쇄   2020년 01월 02일
초판 4쇄 발행   2024년 02월 28일

지은이   ㈜지아이에듀테크
펴낸이   한준희
펴낸곳   ㈜아이콕스

기획/편집   아이콕스 기획팀
디자인   이지선
영업   김남권, 조용훈, 문성빈
경영지원   김효선, 이정민

Education by Sympathy

주소   경기도 부천시 조마루로385번길 122 삼보테크노타워 2002호
홈페이지   www.icoxpublish.com
쇼핑몰   www.baek2.kr (백두도서쇼핑몰)
이메일   icoxpub@naver.com
전화   032-674-5685
팩스   032-676-5685
등록   2015년 7월 9일 제 386-251002015000034호
ISBN   979-11-6426-100-0

30년째 컴퓨터를 교육면서도 늘 고민합니다. "더 간단하고 쉽게 교육할 수는 없을까? 더 빠르게 마음대로 사용하게 할 수는 없을까?" 스마트폰에 대한 지식이 없는 4살 먹은 어린아이가 스마트폰을 가지고 놀면서 스스로 사용법을 익히는 것을 보고 어른들은 감탄합니다.

그렇습니다. 컴퓨터는 학문적으로 접근하면 배우기 힘들기 때문에 아이들처럼 직접 사용해 보면서 경험적으로 습득하는 것이 가장 빠른 배움의 방식입니다. 본 도서는 저의 다년간 현장 교육의 경험을 살려 책만 보고 무작정 따라하다 발생할 수 있는 실수와 오류를 바로잡았습니다. 컴퓨터를 활용하는 데 꼭 필요한 핵심 내용을 중심으로 집필했기 때문에 예제를 반복해서 학습하다 보면 어느새 원리를 이해하고, 활용할 수 있는 단계에 오르게 될 것입니다. 쉽게 배우고 생활에 바로 쓸 수 있게 집필된 본 도서로 여러분들의 능력이 향상되기를 바랍니다. 물론 본 도서는 여러분의 컴퓨터 능력을 향상시킬 수 있는 수많은 방법 중 한 가지라는 말씀도 드리고 싶습니다.

교육 현장에서 늘 하는 말이 있습니다.
"컴퓨터는 종이다. 종이는 기록하기 위함이다."
"단순하게, 무식하게, 지겹도록, 단.무.지.반! 하십시오."
처음부터 완벽하지는 않겠지만 차근차근 익히다 보면 어느새 만족할 만한 수준의 사용자로 우뚝 서게 될 것입니다.

끝으로 이 책이 나올 수 있도록 도움을 주신 지아이에듀테크, ㈜아이콕스의 임직원 여러분들께 감사의 마음을 전합니다.

㈜지아이에듀테크

3

★ 각 CHAPTER 마다 동영상으로 더 쉽게 학습할 수 있도록 QR코드를 담았습니다. QR코드로 학습 동영상을 시청하는 방법은 다음과 같습니다.

1. Play스토어 네이버 앱을 ❶설치한 후 ❷열기를 누릅니다.

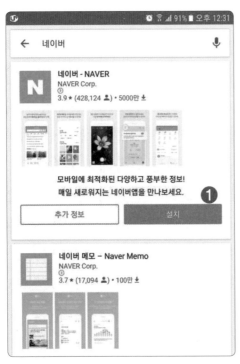
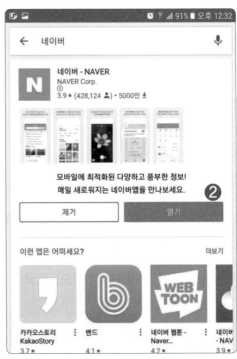

2. 네이버 앱이 실행되면 하단의 ❸동그라미 버튼을 누른 후 ❹렌즈 메뉴를 선택합니다

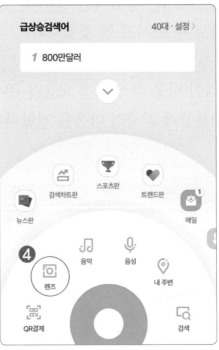

3. 본 도서에는 **Chapter**별로 상단 제목 오른쪽에 **❺QR코드**가 있습니다. 스마트폰의 화면에 QR코드를 사각형 영역에 맞춰 보이도록 하면 QR코드가 인식되고, 상단에 동영상 강의 링크 주소가 나타납니다. **❻동영상 강의 링크 주소**를 눌러 스마트폰으로 학습할 수 있습니다.

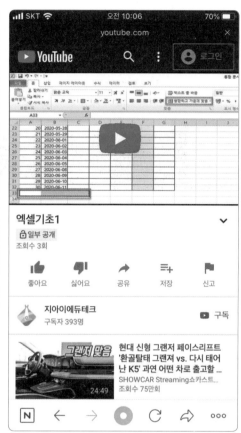

※ 유튜브(www.youtube.com)에 접속하거나, **유튜브** 앱을 사용하고 있다면 **지아이에듀테크**를 검색하여 동영상 강의를 들을 수 있습니다. **재생목록** 탭을 누르면 과목별로 강의를 찾아볼 수 있습니다.

★ 본 책의 예제를 실습해 보기 위한 준비 작업입니다. 다음의 방법으로 파일을 옮겨 놓은 후 학습을 시작하세요.

1. 인터넷 사이트의 검색 창에 '**아이콕스**'를 입력하고 '**검색**'을 클릭합니다.

2. 하단에 나오는 **도서출판 아이콕스**의 홈페이지 주소를 클릭합니다.

3. 아이콕스 홈페이지가 열리면 상단의 **'자료실'**에 마우스를 올려 놓고, 아래에 표시되는 하위 메뉴에서 **'도서부록소스'**를 클릭합니다.

4. 목록에서 **학습하고자 하는 책의 제목을 클릭**합니다. 상단에 있는 검색란에서 도서명을 검색해도 됩니다.

5. 실습 파일이 첨부되어 있는 것을 확인할 수 있습니다.

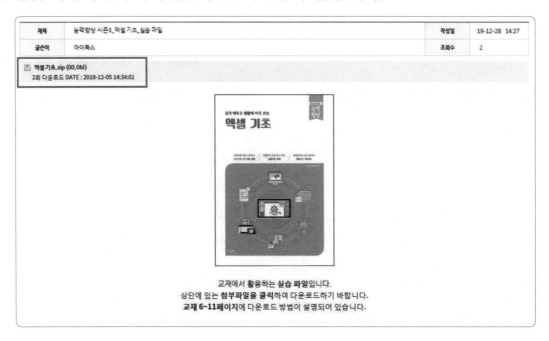

6. 첨부된 실습 파일의 **파일명을 클릭**하면 하단에 **저장하기 바**가 나타납니다.

7. 저장(S) 버튼의 우측에 있는 **삼각형 부분**을 클릭하고, '**다른 이름으로 저장(A)**'
을 클릭합니다.

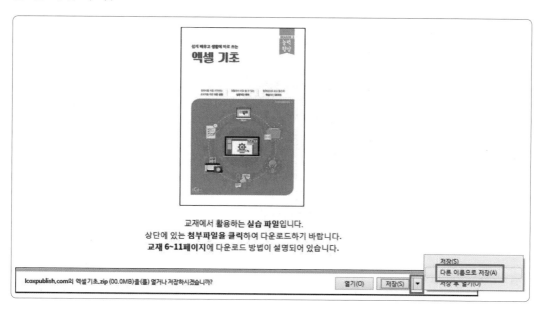

8. 다른 이름으로 저장 창이 표시되면 좌측의 '**로컬 디스크(C:)**'를 클릭한 후, 하단
에 있는 '**저장**' 단추를 클릭하면 실습 파일이 저장됩니다.

9. 다운로드가 완료되었다는 메시지가 나타나면 '**폴더 열기**' 단추를 클릭합니다.

10. 실습 파일을 저장한 경로의 폴더, 즉 '**로컬 디스크(C:)**'가 자동으로 열리고 다운로드한 파일을 확인할 수 있습니다.

11. 실습 파일의 압축을 해제하기 위해, 다운로드한 파일을 **마우스 오른쪽 단추**로
클릭한 다음 **'엑셀기초₩에 풀기'**를 선택합니다. 컴퓨터에 설치된 압축 프로그
램의 종류에 따라 다른 형태의 메뉴가 표시되기도 합니다.

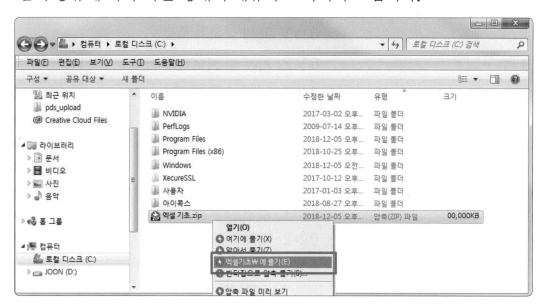

12. 압축 해제가 완료되면 실습 파일명과 동일한 이름의 폴더가 생성됩니다.

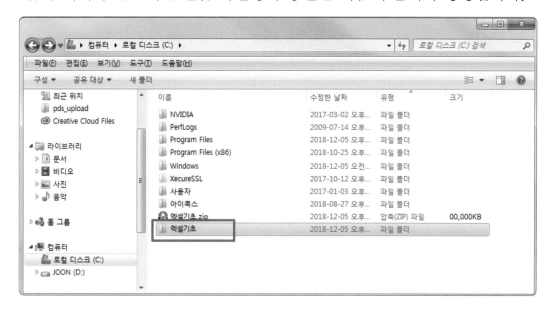

폴더 안에 예제에서 사용할 실습 파일들이 담겨져 있으므로, 본 책의 내용에 따라
필요할 때 사용할 수 있습니다.

1. 엑셀 실행과 종료   2. 기본 셀 선택하기
3. 데이터 입력하기   4. 자동 채우기

CHAPTER 01-1 엑셀 실행과 종료 ▶▶▶

🖱 엑셀 실행하기 1

마이크로소프트사에서 제작한 프로그램으로 표를 이용하여 계산과 차트, 분석, 요약 등의 작업을 하는 스프레트시트입니다. 바탕화면에서 Excel 2010 또는 Excel 2016을 찾아서 더블클릭하여 실행합니다.

🖱 엑셀 실행하기 2

작업표시줄의 ❶돋보기 버튼을 클릭한 후 ❷excel을 입력한 후 검색된 화면에서 ❸Excel 2010 또는 Excel 2016을 클릭합니다.

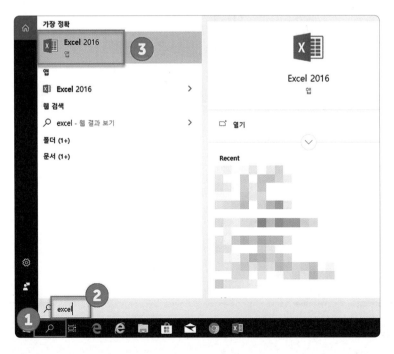

🖱 엑셀 종료하기 1

엑셀 프로그램의 오른쪽 상단에 있는 **닫기(X)** 버튼을 클릭합니다. 문서를 작성하는 도중에 닫기 버튼을 클릭하면 현재 문서를 저장할 것인지 묻는 대화상자가 나옵니다.

🖱 엑셀 종료하기 2

파일 → 끝내기를 차례대로 클릭해서 엑셀을 종료합니다.

🖱 엑셀 종료하기 3

키보드 단축키 [Alt] + [F4] 를 동시에 누르면 메뉴를 이용하지 않고 엑셀 프로그램을 끝낼 수 있습니다.

🖱 엑셀 화면 구성과 용어

엑셀을 실행하면 아래와 같이 화면이 구성되는데 엑셀2010, 2013, 2016에 따라 약간의 차이는 있지만 기본 구성은 동일합니다.

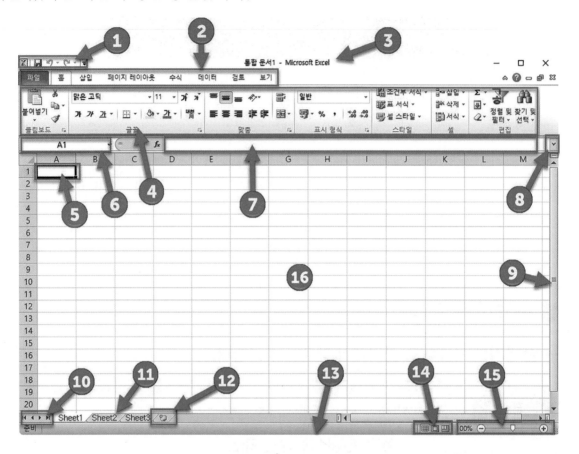

항목 이름 및 기능

① 빠른 실행 도구모음	⑨ 스크롤 바
② 메뉴 표시줄	⑩ 시트 이동하는 버튼
③ 제목 표시줄	⑪ 시트 이름
④ 리본 메뉴	⑫ 시트 새로 만들기
⑤ 현재 선택된 셀	⑬ 상태 표시줄(상황선)
⑥ 이름 상자	⑭ 페이지 보기방식
⑦ 수식 입력줄	⑮ 확대/축소
⑧ 수식 입력줄 확장	⑯ 워크시트(셀의 집합)

엑셀의 시트에 데이터를 입력할 때 셀 단위로 이루어집니다. 엑셀의 기본 단위는 셀인데 행과 열이 만나는 곳의 작은 사각형 하나 하나를 셀(Cell)이라고 합니다.

🖱 셀 하나만 선택하기

방법1 셀을 선택할 때는 마우스로 원하는 좌표를 클릭하거나, 방향키(→, ←, ↑, ↓)를 눌러 이동해서 선택하는 방법이 있습니다. D4셀을 선택해 봅니다.

방법2 Enter 를 누르면 아래 셀로 이동하고 Tab (탭)을 누르면 오른쪽 셀로 이동하게 됩니다. Shift + Enter 를 누르면 윗 셀로 이동하고 Shift + Tab 을 누르면 왼쪽 셀로 이동하게 됩니다. Enter, Tab 을 이용해서 G8셀로 이동해 봅니다.

방법3 이름 상자에 좌표를 직접 타이핑해서 이동할 수 있습니다. 이름상자에 클릭한 후 BA356을 입력한 후 Enter 를 누릅니다.

방법4 처음 셀로 이동하기 위해 단축키 Ctrl + Home 을 누르거나 이름상자에 A1을 입력한 후 Enter 를 누릅니다.

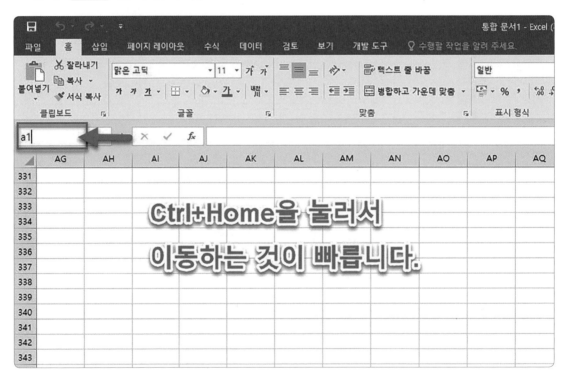

해보기1 셀을 EK5789 셀로 빠르게 이동해 봅니다. 어떻게 해야 가장 빠르게 이동할 수 있을까요?

해보기2 셀을 A1 셀로 빠르게 이동해 봅니다. 어떻게 해야 가장 빠르게 이동할 수 있을까요?

🖱 연속된 셀 범위 선택하기

방법1 마우스를 이용하여 연속된 범위를 선택하려면 범위의 시작 셀 위치에서 마우스를 누른 상태에서 범위가 끝날 셀 위치까지 드래그 합니다.

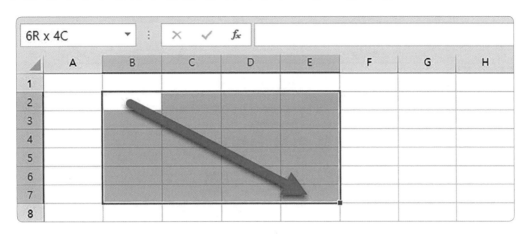

방법2 셀 범위를 지정할 시작 위치는 보이지만 마지막 위치가 보이지 않을 경우에 자주 사용하는 방법입니다. 첫 번째 셀을 클릭한 후, 범위 마지막 셀이 보이도록 한 후 Shift 를 누른 상태에서 클릭합니다.

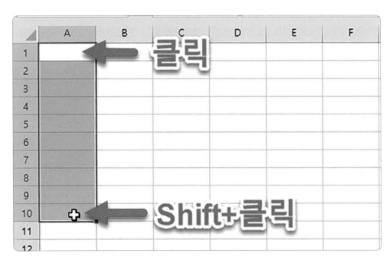

방법3 이름 상자에 범위를 지정할 좌표를 입력한 후 Enter 를 누릅니다. 여기서는 [B2:D8] 을 범위로 지정합니다.

🖱 떨어져 있는 셀 범위 선택하기

방법1 하나의 셀을 선택할 때는 클릭을 하지만 2개 이상 떨어져 있는 셀을 선택할 때는
Ctrl 을 누른 상태에서 클릭을 하거나 드래그를 합니다.

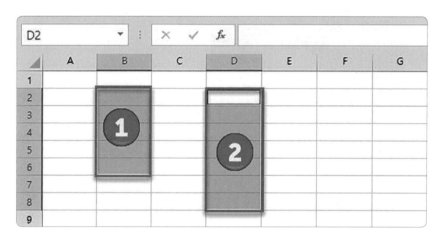

방법2 아래의 범위지정은 [B2:B6]셀 범위를 마우스로 드래그해서 지정한 후, [D2:D8]
셀의 범위는 Ctrl 을 누른 상태에서 드래그를 합니다.

🖱 셀 전체 선택하기

A열과 1행 사이에 비어있는 머리글 버튼을 클릭하거나 Ctrl +A 를 누르면 워크시트의 모
든 셀이 선택됩니다.

셀에 숫자, 문자, 날짜, 한자, 특수문자 입력 등 여러 형태의 데이터를 입력하는 방법과 빠르게 데이터를 입력하는 방법을 알아봅니다.

🖱 엑셀은 데이터에 형식이 있다

워드프로세서는 단순하게 글자에 의미가 없지만 엑셀은 입력한 데이터를 이용하여 계산 작업과 분석을 하기 때문에 데이터에 의미가 있는 형식이 지정됩니다. 아래의 샘플은 직접 입력해 보면서 확인해야 합니다.

1) 숫자 데이터

① 숫자는 0부터 9로 표현되며 +-*/%₩() 등과 같은 기호와 함께 사용합니다.

② 셀에 숫자를 입력하면 오른쪽으로 정렬됩니다.

③ 셀의 너비보다 긴 숫자를 입력하면 다음 셀에 표시되지 않고 ####으로 표시되며 12 자리가 넘어가면 지수형으로 표시가 되고 셀의 너비를 조절하면 정상적으로 표시가 됩니다.

	A	B	C	D
1	123			
2	-1234			✛
3	100%			
4	1,234			
5	#########	셀 서식-숫자로 하면		
6	1.2346E+14	나옵니다.		
7				

2) 문자 데이터

① 한글, 영어, 특수문자, 문자가 포함된 숫자 등으로 구성됩니다.

② 셀의 왼쪽으로 정렬이 됩니다.

③ 열 너비보다 긴 데이터가 입력되면 오른쪽 셀이 비었을 경우에는 걸쳐보이게 되며 오른쪽 셀에 내용이 있으면 셀 너비만큼만 잘려져 보입니다.

④ 숫자를 문자 데이터로 취급하려면 입력할 때 어퍼스트로피(')를 먼저입력한 후 숫자를 입력합니다.

⑤ 한 셀에 두 줄을 입력하려면 첫 번째줄 내용을 입력한 후 [Alt] + [Enter] 를 누른 후 두번째 줄을 입력합니다.

	A	B	C	D	E
1	123	오상열			
2	-1234	365일			
3	100%	지아이아카	오상열	내용이 있을 때	
4	1,234	지아이아카데미			
5	#########	123	어포스트로피 먼저		
6	1.2346E+14	강사 오상열			

3) 날짜/시간 데이터

① 날짜를 입력할 때는 가급적 년-월-일 형식으로 입력합니다. 물론 슬래시(/)를 이용하여 입력할 수도 있고 2020년 1월 14일 형식으로 입력할 수도 있지만 엑셀은 서식으로 변경할 수 있으므로 2020-03-28 형식으로 입력합니다.

② 연도를 입력하지 않을 때는 당해 연도가 자동으로 입력이 되지만 습관적으로 연도를 입력하는 것이 좋습니다.

③ 시간은 시:분:초 형식으로 입력합니다.

④ [Ctrl] + [;] 을 누르면 오늘 날짜가 입력이 됩니다.

⑤ [Ctrl] + [:] 을 누르면 현재 시간이 입력이 됩니다.([Ctrl] + [Shift] + [;])

D2	▼	× ✓ fx	2019-04-26	
	D	E	F	G
1	2020-03-28			
2	04월 26일	당해 년도가 입력됨		
3	2019-10-19	Ctrl+;을 누르면 오늘날짜가		
4	4:52 PM	입력됩니다.		
5				

4) 한자 입력하기

① **금전출납부**를 입력하고 [한자] 키를 누릅니다. 경우에 따라 블록을 지정한 후 [한자] 키를 누를 때도 있습니다.

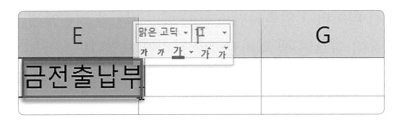

② 해당 한자가 나타나면 맞는 것을 선택한 후 [**변환**]을 클릭합니다.

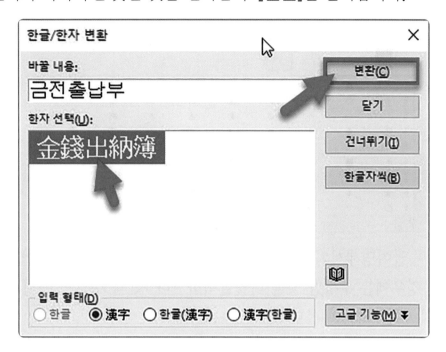

5) 특수문자 입력하기

키보드에 없는 문자를 입력할 때 사용하는데 특수 문자를 입력하려면 한글 자음중 하나를 입력한 후 곧 바로 한자 키를 누르면 특수문자 목록이 나오며 원하는 문자를 선택합니다.

① 글자가 들어갈 셀을 선택한 후 자음 "**ㅁ**"을 **입력**한 후 곧 바로 한자 키를 누릅니다.

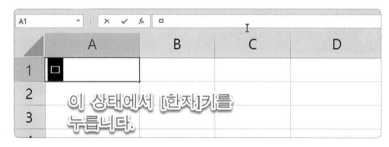

② 특수문자 목록이 나오면 [확장]을 클릭하면 입력한 자음에 해당하는 특수문자가 모두 표시가 됩니다.

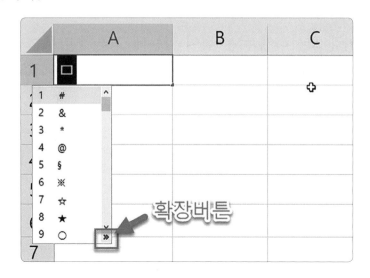

③ 입력하고자 하는 특수문자를 찾아서 클릭합니다.

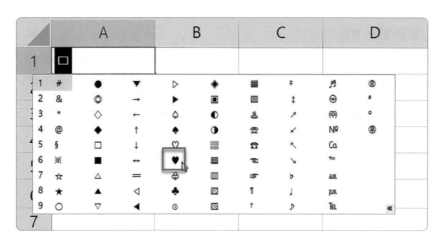

④ 아래와 같이 급여명세서의 한자와 특수 문자를 입력하여 셀을 완성합니다. 입력된 셀을 수정할 경우에는 수정할 셀을 더블클릭하거나 F2 를 누르면 됩니다. 수정을 취소할 경우에는 Esc 키를 누릅니다.

	A	B
1	♣給與明細書♣	
2		
3		

CHAPTER 01-4 자동 채우기 ▶▶▶

셀 포인터의 채우기 핸들을 이용해 인접한 셀에 내용과 서식을 복사하는 기능으로 연속적인 자료를 입력해야 할 때 빠르게 입력할 수 있는 기능입니다.

🖱 문자와 숫자 자동 채우기

셀 포인터의 오른쪽 아래 모서리에 굵은 점이 있는데 그곳에 마우스를 올려놓으면 마우스 포인터가 + 모양으로 바뀌는데 이것을 **채우기 핸들**이라고 부릅니다. 상하좌우로 이동해서 채우기를 할 수 있습니다.

	A	B	C	D
1				
2				
3				
4				
5				

채우기 핸들

1] 문자 자동 채우기

A1셀에 본인의 이름을 입력하고 마우스를 채우기 핸들에 맞춘 후 마우스 포인터가 +로 변경이 되면 아래 방향으로 A6셀까지 드래그합니다.

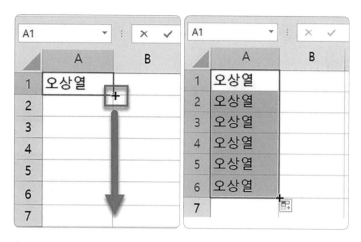

2] 숫자 자동 채우기

B1셀에 1을 입력한 상태에서 채우기 핸들을 B6셀까지 드래그하면 동일한 숫자가 채워지게 됩니다.

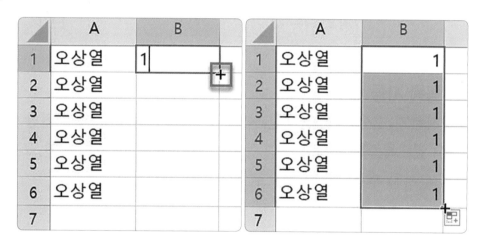

3] 문자와 숫자가 혼합된 자동 채우기

셀에 문자와 숫자가 혼합된 데이터를 채우기할 때 숫자가 1씩 증가하면서 채워지게 됩니다. C1 셀에 1주일을 입력한 후 C6셀까지 드래그 합니다.

	A	B	C
1	오상열		1주일
2	오상열	1	
3	오상열	1	
4	오상열	1	
5	오상열	1	
6	오상열	1	
7			

	A	B	C
1	오상열	1	1주일
2	오상열	1	2주일
3	오상열	1	3주일
4	오상열	1	4주일
5	오상열	1	5주일
6	오상열	1	6주일
7			

🖱 연속 데이터 채우기

1) 단순하게 숫자 증가하기

A1셀에 1을 입력한 후 채우기 핸들에 마우스를 올려놓은 후 마우스 왼쪽으로 드래그를 하는 것이 아니라 **오른쪽 단추**를 누른 상태에서 A6셀까지 드래그를 하면 1씩 증가하여 연속적으로 채워지게 됩니다.

2) 사용자 지정 목록 자동 채우기

1월, 2월, 3월, 1사분기, 2사분기, 월요일, 화요일, 수요일 등 일상에서 접할 수 있는 데이터를 쉽게 채울 수 있도록 엑셀에서는 미리 등록이 되어있습니다. 자,축,인,묘,진,사,오,미,신,유,술,해 도 채우기한 후 갑,을,병,정으로 채우기도 해보세요.

3) 사용자 지정 목록을 확인해 봅시다

파일 – 옵션 – 고급 – 사용자 지정 목록 편집(끝에 있음)을 차례대로 클릭하면 아래와 같이 구성되어 있습니다. 여기에 지정된 목록은 앞으로 배우게 될 정렬에도 사용되는 중요한 기능으로 기록된 순서대로 오름차순, 내림차순으로 정렬이 되게 됩니다.(예를 들자면 회사의 직급을 순서대로 나열할 때를 생각해보면 이해하기 편할 듯 합니다)

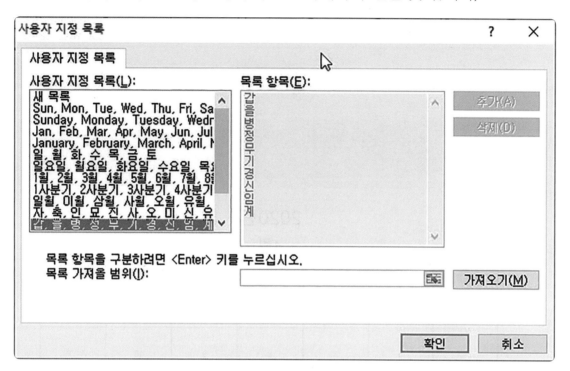

1. 달력 기초 데이터   2. 입력하고 꾸미기
3. 시트 사용하기

🔍 미리보기

	A	B	C	D	E	F	G	H	I
1									
2				2020년					
				4월					
3		일/SON	월/MON	화/TUE	수/WED	목/THU	금/FRI	토/SAT	
4					1	2	3	4	
5		5	6	7	8	9	10	11	
6		12	13	14	15	16	17	18	
7		19	20	21	22	23	24	25	
8		26	27	28	29	30			
9									
10									

📝 이런 것을 배워요

❶ 자동 채우기를 다양하게 사용할 수 있게 됩니다.

❷ 셀 서식을 사용하게 됩니다.

❸ 시트의 관리를 배우게 됩니다.

🖱 데이터 입력하기

01 ❶[B2:H2]까지 셀을 범위로 지정한 후 ❷홈 탭에 있는 맞춤 그룹의 ❸[병합하고 가운데 맞춤] 버튼을 클릭해서 셀을 하나로 합쳐줍니다.

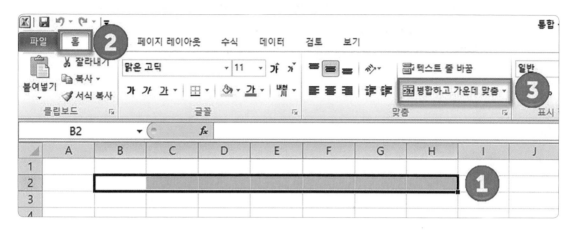

02 2번과 3번행 사이에 마우스를 올려놓은 후 드래그하여 **행의 높이**를 적당하게 늘려줍니다.

03 B3셀부터 H4셀까지 아래의 내용을 입력합니다. 여기에서는 2020년 4월의 달력내용을 입력했는데, 원하는 달력의 날짜를 만들 수도 있으므로 필요하다면 원하는 달의 날짜를 입력해도 됩니다.

	A	B	C	D	E	F	G	H	I
1									
2									
3		일/SON	월/MON	화/TUE	수/WED	목/THU	금/FRI	토/SAT	
4					1	2	3	4	
5									
6									
7									
8									

04 아래와 같이 2개의 날짜를 입력한 후 먼저 **[B5:C5]**를 범위로 지정한 후 C5셀의 채우기 핸들에 마우스를 올려놓으면 아래의 빨간 사각형처럼 마우스 포인터가 바뀌는데 이때 오른쪽으로 **H5까지 드래그**합니다.

◢	A	B	C	D	E	F	G	H	I
1									
2									
3		일/SON	월/MON	화/TUE	수/WED	목/THU	금/FRI	토/SAT	
4					1	2	3	4	
5			5	6					
6									
7									
8									
9									
10									

05 아래의 결과처럼 자동으로 숫자가 증가해서 채우기가 되었습니다.

◢	A	B	C	D	E	F	G	H	I
1									
2									
3		일/SON	월/MON	화/TUE	수/WED	목/THU	금/FRI	토/SAT	
4					1	2	3	4	
5			5	6	7	8	9	10	11
6									
7									

06 **[B6:C6]**에 아래의 값을 입력한 후 범위를 지정해서 오른쪽으로 **H6까지 채우기**를 합니다.

◢	A	B	C	D	E	F	G	H	I
1									
2									
3		일/SON	월/MON	화/TUE	수/WED	목/THU	금/FRI	토/SAT	
4					1	2	3	4	
5			5	6	7	8	9	10	11
6			12	13					
7									
8									
9									
10									
11									
12									

07 [B5:H6]까지 범위를 지정한 후 자동 채우기를 [H9]까지 드래그해서 채워줍니다.

	A	B	C	D	E	F	G	H	I
1									
2									
3		일/SON	월/MON	화/TUE	수/WED	목/THU	금/FRI	토/SAT	
4						1	2	3	4
5		5	6	7	8	9	10	11	
6		12	13	14	15	16	17	18	
7									
8									
9									
10									
11									
12									

08 결과와 같이 숫자들을 채우기 기능을 이용하면 편하게 입력할 수 있습니다. 사용자가 자주 사용하는 것은 빠르고 편하게 만들어주는 것이 엑셀의 주요 기능중 하나입니다.

	A	B	C	D	E	F	G	H
1								
2								
3		일/SON	월/MON	화/TUE	수/WED	목/THU	금/FRI	토/SAT
4					1	2	3	4
5		5	6	7	8	9	10	11
6		12	13	14	15	16	17	18
7		19	20	21	22	23	24	25
8		26	27	28	29	30	31	32
9		33	34	35	36	37	38	39
10								
11								
12								

09 4행부터 9행까지 범위를 지정합니다.

	A	B	C	D	E	F	G	H
1								
2								
3		일/SON	월/MON	화/TUE	수/WED	목/THU	금/FRI	토/SAT
4					1	2	3	4
5		5	6	7	8	9	10	11
6		12	13	14	15	16	17	18
7		19	20	21	22	23	24	25
8		26	27	28	29	30	31	32
9		33	34	35	36	37	38	39
10								

10 마우스 오른쪽 단추를 클릭해서 [행 높이]를 클릭한 후 **행높이** 대화상자에서 "**65**"를 입력한 후 [**확인**]을 클릭합니다.

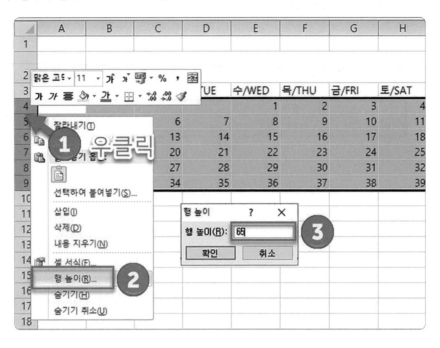

11 [B3:H9]까지 셀을 범위로 지정한 후 **홈** 탭의 맞춤그룹에 있는 **세로와 가로를 가운데 맞춤**을 클릭합니다.

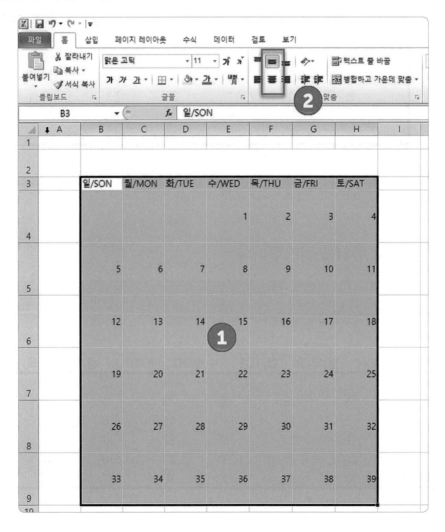

12 [B3:H9]까지 셀이 범위로 잡혀있는 상태에서 **테두리** 드롭다운버튼을 클릭한 후 [**모든 테두리**]를 선택합니다.

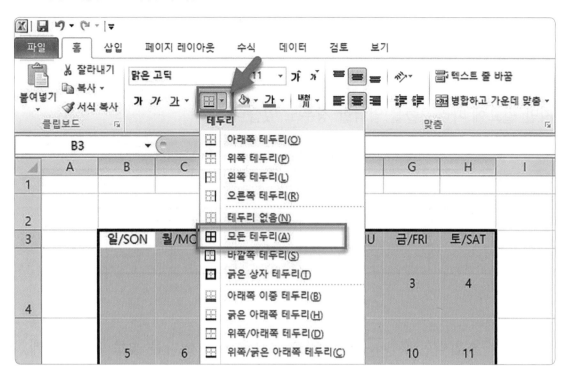

13 셀의 너비를 조절하기 위해 **B열부터 H열**까지 범위를 지정한 후 마우스 오른쪽 단추를 클릭해서 [**열 너비**]를 클릭한 후 "**13**"을 입력한 후 [확인]을 클릭합니다.

🖱 한 셀에 두 줄 입력하고 꾸미기

01 B2셀에 2020년 4월을 입력합니다. 한 셀에 한 줄씩 입력하는 것이 보통 입력방식이 지만 필요에 따라 2줄을 입력할 경우도 있습니다.

	A	B	C	D	E	F	G	H	I
1									
2					⊕				
3		일/SON	월/MON	화/TUE	수/WED	목/THU	금/FRI	토/SAT	
4					1	2	3	4	

02 "**2020년**"을 입력한 후 `Alt` + `Enter` 를 누르면 커서가 다음 줄로 이동되는데, 계속해 서 "**4월**"을 입력한 후 `Enter` 를 누릅니다.

	A	B	C	D	E	F	G	H
1								
2					2020년 ⬅ Alt+Enter			
3					4월			
					1	2	3	4

03 '2020년' 글자 바로 앞을 마우스로 더블클릭을 해서 커서가 나타나게 합니다. 블록을 지정한 후 글자크기를 **24pt**로 크게 합니다.

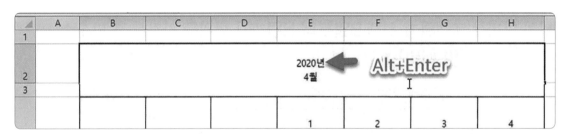

04 '4월'도 블록을 지정한 후 글자크기를 '20'으로 변경합니다. Enter 를 눌러서 셀의 편
집을 마무리합니다.

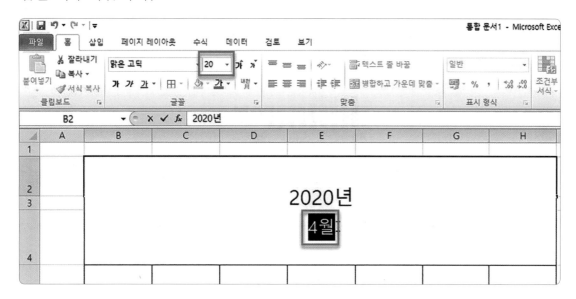

05 2행의 높이를 조절해야 입력된 글자가 보일 것 같습니다. 이럴 때는 2행과 3행 사이
에 마우스를 올려놓은 후 아래 빨간 사각형처럼 변경이 되면 아래방향으로 드래그해
서 행의 높이를 맞춰줍니다.

	A	B	C	D	E	F	G	H	I
1					2020년				
		글자가 안보이므로			4월				
		일/SON	월/MON	화/TUE	수/WED	목/THU	금/FRI	토/SAT	
		셀의 높이를 조절			1	2	3	4	
4		5	6	7	8	9	10	11	

06 9행에 필요가 없는 날짜가 있습니다. 9행에 마우스 우클릭한 후 삭제를 해줍니다.

	선택하여 붙여넣기(S)...		20	21	22	23
	삽입(I)				
7	삭제(D)				
	내용 지우기(N)				
	셀 서식(F)...		27	28	29	30
	행 높이(R)...				
8	숨기기(H)				
	숨기기 취소(U)				
	33	34	35	36	37
9	맑은 고ᄃ ▾ 11 ▾ 가 가 ᄜ ▾ % ,				
10	가 가 ≡ ᄌ ▾ 갂 ▾ ⊞ ▾ ⁗ ⁙ ✦				
11					

07 토요일에 해당하는 **[H3:H8]**까지 범위를 지정한 후 글자색을 **파란색**으로 설정합니다.

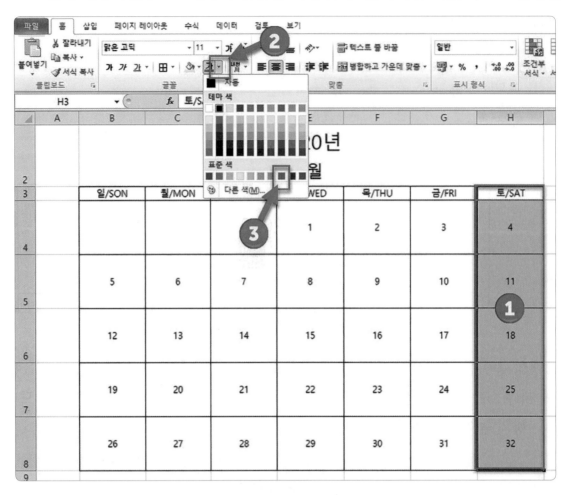

08 일요일에 해당하는 셀을 범위로 지정한 후 **빨간색**으로 글자색을 설정하여 달력을 완성합니다.

일/SON	월/MON	화/TUE	수/WED	목/THU	금/FRI	토/SAT
			1	2	3	4
5	6	7	8	9	10	11
12	13	14	15	16	17	18
19	20	21	22	23	24	25
26	27	28	29	30	31	32

2020년

4월

🖱 시트 추가, 삭제, 이동하기

01 워크시트의 하단에 3개의 시트탭이 있습니다. 현재 시트의 이름을 4월로 변경하기 위해서 **[Sheet1]을 더블클릭**합니다. **"4월"**을 입력한 후 Enter 를 누릅니다.

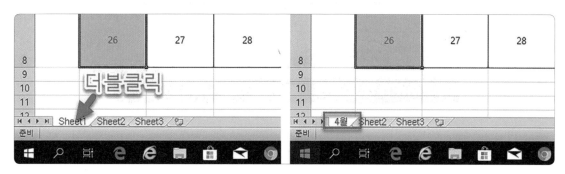

02 [Sheet2]를 삭제하기 위해 마우스 오른쪽 단추를 클릭한 후 **[삭제]**를 클릭합니다. 동일한 방법으로 [Sheet3]도 삭제해줍니다.

03 시트가 필요할 경우 시트의 마지막에 있는 **워크시트 삽입** 버튼을 클릭하면 됩니다. 4개의 시트를 추가해 보도록 합니다.

04 4월 시트를 선택한 후 Sheet5 뒤로 이동을 해 봅니다. 시트를 드래그해서 ▼ 표시가
되는 곳에 마우스를 놓으면 이동이 됩니다.

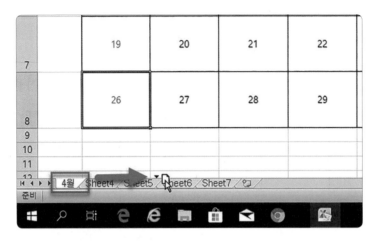

05 시트를 삭제하고 이동하는 연습이 끝났으면 4월 시트를 제외한 나머지 시트를 삭제
합니다.

06 4월 시트에 마우스 우클릭한 후 [이동/복사]를 선택합니다.

07 대화상자가 나오면 **복사본 만들기**를 체크한 후 확인을 클릭합니다.

08 복사된 **4월 (2)** 시트명의 이름을 **5월** 시트로 변경하기 위해 마우스 우클릭한 후 **이름 바꾸기**를 클릭한 후 5월을 입력하고 `Enter` 키를 누릅니다.

09 5월 시트는 4월 시트의 뒤에 위치해야 하므로 5월 시트를 선택한 후 4월 시트 뒤로 드래그해 줍니다.

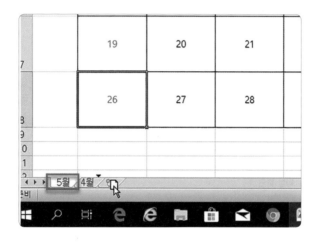

10 5월 시트의 내용을 달력에 맞도록 수정을 합니다. 날짜를 채우기를 할 때 서식 없이 채우기를 해줘야 숫자만 증가가 됩니다.

◢	A	B	C	D	E	F	G	H	I	J	K
				2020년							
2				5월							
3		일/SON	월/MON	화/TUE	수/WED	목/THU	금/FRI	토/SAT			
4							1	2			
5		3	4	5	6	7	8	9			
6		12	13	14	15	16	17	18			
7		19	20	21	22	23	24	25			

O 셀 복사(C)
◉ 연속 데이터 채우기(S)
O 서식만 채우기(F)
O 서식 없이 채우기(O)

11 지금까지 작업한 파일을 저장하기로 합니다. **파일 – 다른 이름으로 저장**을 클릭합니다.

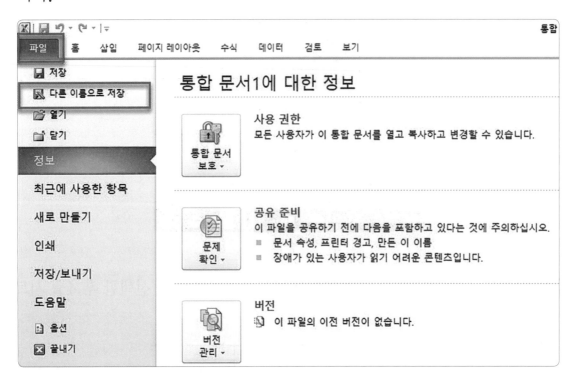

12 저장할 장소는 바탕화면으로 정한 후 파일 이름은 "2020달력"을 입력한 후 저장 버튼을 클릭합니다. 저장장소는 교육장의 상황에 따라 정해주면 됩니다.

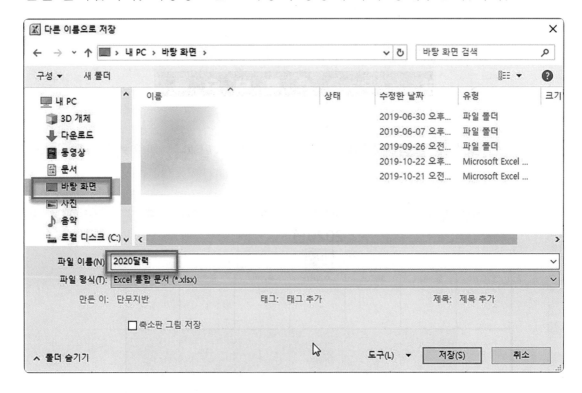

03 ▶ 가계부 만들기

1. 자동 채우기   2. 사용자 지정 목록 채우기

🔍 미리보기

	A	B	C	D	E	F	G
1			5월달 가계부				
2	번호	일자	적요	입금	출금	잔금	비고
3	1	2020-05-01	이월금				
4	2	2020-05-04	교통비				
5	3	2020-05-05	학원비				
6	4	2020-05-06	용돈				
7	5	2020-05-07	생일잔치				
8	6	2020-05-08	노트				
9	7	2020-05-11	볼펜				
10	8	2020-05-12	가방				
11	9	2020-05-13	이월금				
12	10	2020-05-14	교통비				
13	11	2020-05-15	학원비				
14	12	2020-05-18	용돈				
15	13	2020-05-19	생일잔치				
16	14	2020-05-20	노트				
17	15	2020-05-21	볼펜				
18	16	2020-05-22	가방				
19	17	2020-05-25	이월금				
20	18	2020-05-26	교통비				
21	19	2020-05-27	학원비				
22	20	2020-05-28	용돈				
23	21	2020-05-29	생일잔치				
24	22	2020-06-01	노트				
25	23	2020-06-02	볼펜				
26	24	2020-06-03	가방				
27	25	2020-06-04	이월금				

📋 이런 것을 배워요

❶ 서식 복사에 대해 학습합니다.

❷ 날짜 채우기에서 채우기 옵션을 사용합니다.

❸ 사용자 지정 목록으로 채우기를 만듭니다.

🖱 숫자데이터 자동 채우기

01 ❶[A1:G1]셀을 범위로 지정한 후 **홈** 탭의 맞춤 그룹에서 ❷**병합하고 가운데 맞춤**을
클릭해서 셀을 하나로 병합해줍니다.

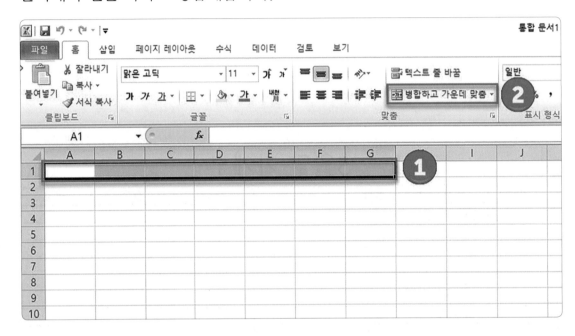

02 A1셀에 **"5월달 가계부"**를 입력한후 Ctrl + Enter 를 눌러서 셀에 데이터를 입력합니
다. Enter 를 누르게 되면 A2셀로 위치가 변경되지만 Ctrl + Enter 를 누르면 그 자
리에 위치하게 됩니다. 글자크기를 24로 변경합니다.

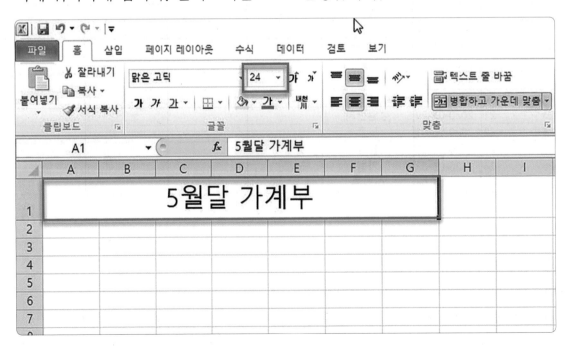

03 A2셀에서 G2셀에 아래와 같이 각각 필드명(제목)을 입력한 후 A3셀에 "**1**"을 입력하고 A4셀에 "**2**"를 입력합니다

	A	B	C	D	E	F	G	H
	A4			f_x	2			
1			5월달 가계부					
2	번호	일자	적요	입금	출금	잔금	비고	
3	1							
4	2							
5								
6								
7								
8								
9								
10								
11								
12								

04 [A3:A4]를 범위로 지정한 후 채우기 핸들을 A32셀까지 아래로 드래그합니다. 30까지 채우기를 할 것입니다.

	A	B	C	D	E	F	G	H
	A3			f_x	1			
1			5월달 가계부					
2	번호	일자	적요	입금	출금	잔금	비고	
3	1							
4	2							
5								
6								
7								
8								
9								
10								
11								
12								
13								

■ 알고 넘어가기

자동 채우기할 때 블록을 지정하지 않고 숫자 1만 넣은 후 Ctrl 을 누른 상태에서 자동 채우기를 드래그하면 숫자가 연속데이터로 자동 채우기하는 방법도 있습니다.

🖱 날짜 데이터 자동 채우기

01 B2셀에 "2020-5-1"을 입력한 후 Ctrl + Enter 를 눌러서 날짜를 입력합니다. 자동 채우기 핸들을 B32셀까지 드래그합니다.

	A	B	C	D	E	F	G	H
			fx	2020-05-01				

	A	B	C	D	E	F	G	H
1			5월달 가계부					
2	번호	일자	적요	입금	출금	잔금	비고	
3	1	2020-05-01						
4	2							
5	3							
6	4							
7	5							
8	6							
9	7							
10	8							
11	9							
12	10							
13	11							
14	12							

02 날짜가 하루씩 증가되어서 채우기가 되며 자동 채우기 옵션이라는 것이 나타나게 됩니다. 채우기 옵션을 이용하면 다양한 채우기를 할 수가 있으며 채우기의 내용에 따라 옵션이 다르게 나타납니다.

	A	B	C	D	E	F	G	H
B3			fx	2020-05-01				

	A	B	C	D	E	F	G	H
18	16	2020-05-16						
19	17	2020-05-17						
20	18	2020-05-18						
21	19	2020-05-19						
22	20	2020-05-20						
23	21	2020-05-21						
24	22	2020-05-22						
25	23	2020-05-23						
26	24	2020-05-24						
27	25	2020-05-25						⊕
28	26	2020-05-26						
29	27	2020-05-27						
30	28	2020-05-28						
31	29	2020-05-29						
32	30	2020-05-30						
33		채우기 옵션						
34								

03 자동 채우기 옵션버튼을 클릭한 후 **[평일 단위 채우기]**를 클릭하면 토요일, 일요일을 뺀 날짜만(주5일) 채워주게 됩니다.

	A	B	C	D	E	F	G	H	I
		B3			fx	2020-05-01			
21	19	2020-05-19							
22	20	2020-05-20							
23	21	2020-05-21							
24	22	2020-05-22							
25	23	2020-05-23							
26	24	2020-05-24							
27	25	2020-05-25							
28	26	2020-05-26							
29	27	2020-05-27							
30	28	2020-05-28							
31	29	2020-05-29							
32	30	2020-05-30							
33									
34			○ 셀 복사(C)						
35			◉ 연속 데이터 채우기(S)						
36			○ 서식만 채우기(F)						
37			○ 서식 없이 채우기(O)						
38			○ 일 단위 채우기(D)						
39			○ 평일 단위 채우기(W)						
40			○ 월 단위 채우기(M)						
41			○ 연 단위 채우기(Y)						
42									

04 아래의 결과를 보면 알 수 있습니다. 자동 채우기를 다시 해서 [월 단위 채우기]와 [연 단위 채우기]도 직접 드래그해서 알아본 후 원래대로 [일 단위 채우기]로 다시 채우기를 해줍니다.(여기서는 일 단위 채우기와 연속 데이터 채우기의 차이가 없습니다)

	A	B	C	D	E	F	G	H	I
		B3			fx	2020-05-01			
1			5월달 가계부						
2	번호	일자	적요	입금	출금	잔금	비고		
3	1	2020-05-01							
4	2	2020-05-04							
5	3	2020-05-05							
6	4	2020-05-06							
7	5	2020-05-07							
8	6	2020-05-08							
9	7	2020-05-11							
10	8	2020-05-12							
11	9	2020-05-13							
12	10	2020-05-14							
13	11	2020-05-15							
14	12	2020-05-18							
15	13	2020-05-19							
16	14	2020-05-20							

2일은 토요일

3일은 일요일

05 가계부를 만들었으니 전체적인 범위를 Ctrl + A 를 눌러서 지정한 후 **모든 테두리**를 모두 지정해 줍니다.

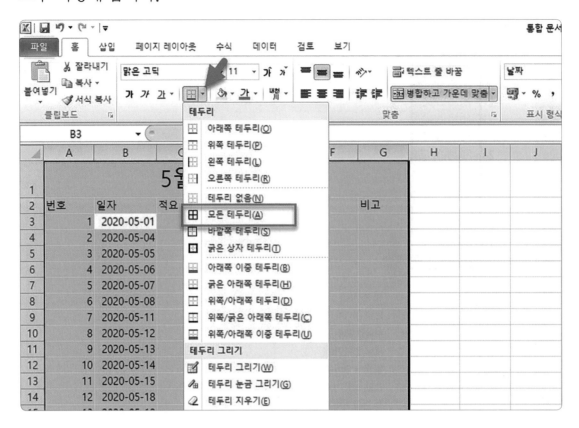

06 셀의 너비를 자동으로 조절하기 위해 **A열부터 G열** 버튼을 범위를 지정한 후 **A와 B 열** 버튼의 사이에 마우스를 더블클릭합니다. 반드시 A와 B열 버튼 사이가 아니어도 범위가 지정된 버튼 사이의 경계에서 더블클릭을 하면 자동으로 너비가 조절됩니다.

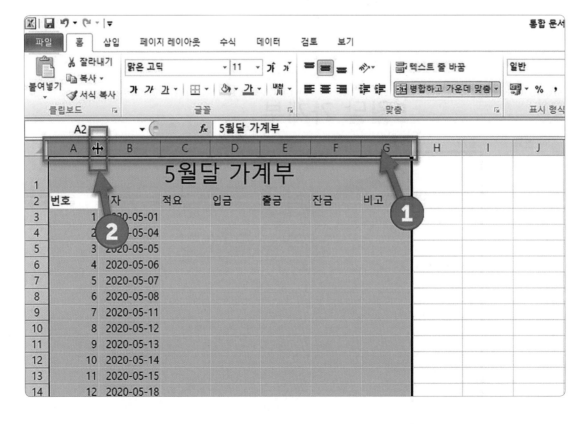

07 항목명을 범위로 지정한 후 **홈** 탭에서 **가운데 맞춤**을 클릭합니다.

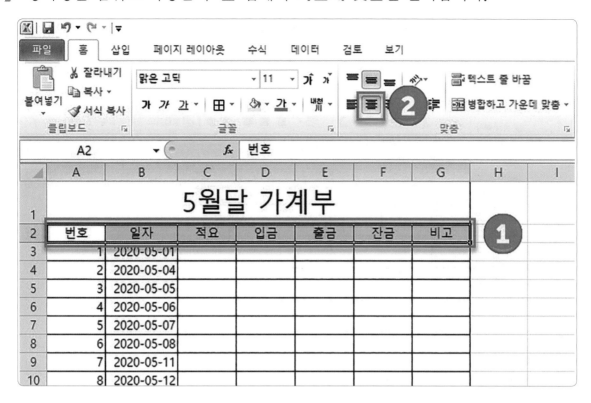

08 잔금의 셀 채우기색은 바다색으로 변경해 하기 위해 **[F2:F32]까지 범위**를 지정한 후 채우기색에서 **바다색, 강조5, 80%**를 선택합니다.

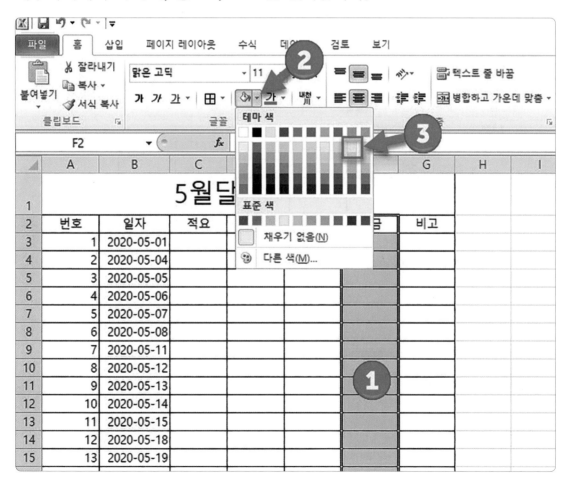

09 가계부의 마지막 날짜 아래에 합계를 적용하기 위해 [A33:C33]을 범위로 지정한 후 **[병합하고 가운데 맞춤]**을 클릭합니다.

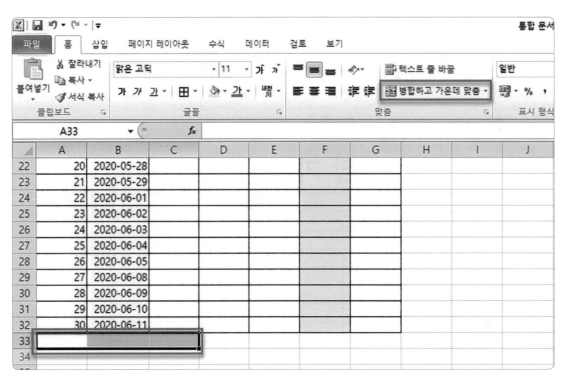

10 A33셀에 **"합계"**를 입력한 후 **모든 테두리**를 적용합니다.

11 엑셀은 내용은 복사되지 않고 셀서식만을 복사하는 기능이 있습니다. **[D32:G32]** 셀을 범위를 지정한 후 홈 탭의 클립보드 그룹에 있는 **서식 복사**를 클릭합니다.

12 서식을 적용할 범위인 **D33**셀을 클릭하면 앞에서 서식을 적용한 범위만큼 자동으로 서식만 복사됩니다.

🖱 옵션에서 등록하기

01 자동 채우기를 할 때 미리 사용자가 기록을 해둔 상태에서 작업을 하는 것으로 **파일 – 옵션**을 차례대로 클릭합니다.

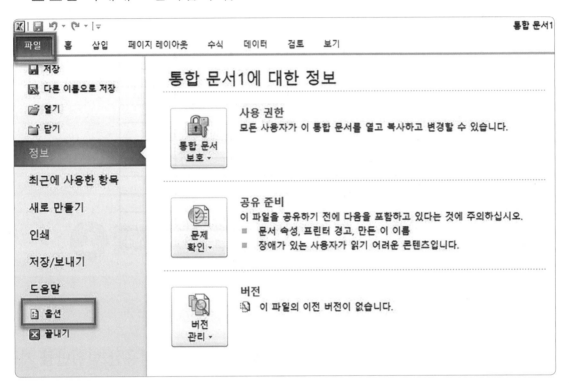

02 Excel 옵션 대화상자의 왼쪽 분류에서 **고급**을 클릭한 후 오른쪽 내용창에서 스크롤 바를 가장 아래로 이동한 후 **사용자 지정 목록 편집** 버튼을 클릭합니다.

03 목록 항목 상자에 아래와 같이 내용을 입력한 후 **추가** 버튼을 클릭합니다.

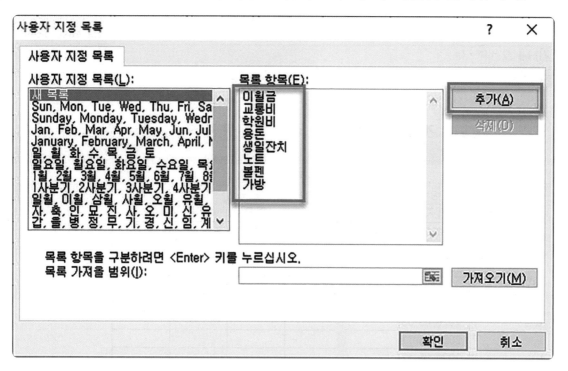

04 좌측의 사용자 지정 목록 가장 아래에 추가된 것을 확인되었습니다. **확인** 버튼을 클릭한 후 Excel 옵션 대화상자가 다시 나오면 **확인**을 클릭합니다.

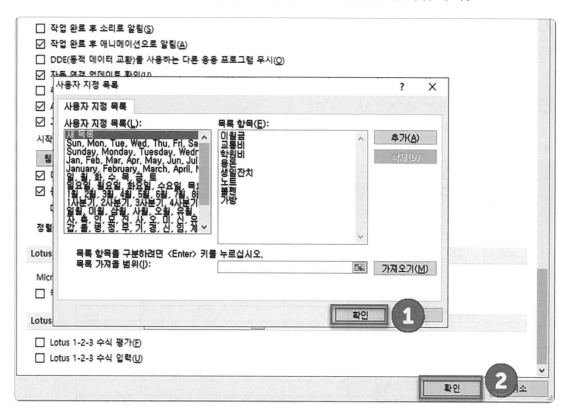

05 C3셀에 "**이월금**"을 입력한 후 자동 채우기 핸들을 아래 방향으로 **C32**셀까지 드래그합니다. 사용자 정의해둔 목록이 반복되어 나타나게 됩니다.

06 [C3:C32]셀이 범위로 지정된 상태에서 **가운데 맞춤**을 한 후 각 항목의 열너비를 넓게 조절한 다음 완성된 파일을 "가계부"로 저장합니다.

1. 표시 형식 사용자 지정　　　　2. 다양한 셀 서식 적용하기
3. 셀 스타일 적용하기

🔍 미리보기

부서명	20年 4月 1日	20年 4月 2日	20年 4月 3日	20年 4月 4日	20年 4月 5日
	수요일	목요일	금요일	토요일	일요일
영업부		2			
자재부				1	
생산부					
홍보부	1				
인사부					
지원부	2				
경리부					

과목 / 성명	국어	영어	수학	총점
손흥민	90	80	88	258
이강인	80	78	88	246
류현진	90	80	85	255

지아이에듀테크 렌터카 단기대여

구분	할인율(%)	대여기간별 1일 요금		
		1-2일	3-6일	7일 이상
아반테,SM3	기본	90,000	81,000	72,000
	주중(50%)	45,000	41,000	36,000
	주말(45%)	50,000	45,000	40,000
아반떼MD A/T, NEW SM3, K3	기본	112,000	101,000	90,000
	주중(50%)	56,000	51,000	45,000
	주말(45%)	62,000	46,000	50,000

📑 이런 것을 배워요

❶ 셀 표시 형식을 사용자가 지정할 수 있습니다.

❷ 날짜 형식을 원하는 형식으로 표현합니다.

❸ 셀 스타일을 적용하여 빠른 작업을 할 수 있습니다.

🖱 표시 형식 @ 사용하기

01 본 책의 자료를 다운로드한 폴더(엑셀기초)로 이동하여 **"주소록"**을 열어줍니다. 자료 다운로드 방법은 6쪽을 참고합니다.

02 **주소1** 필드는 모두 서울특별시에 있는 주소로 "서울특별시"를 빼고 입력한 데이터입니다. 서울특별시를 모든 셀에 자동으로 입력되도록 작업합니다. D2셀을 클릭한 후 키보드 Ctrl + Shift + ↓ 를 함께 눌러서 범위를 지정합니다.

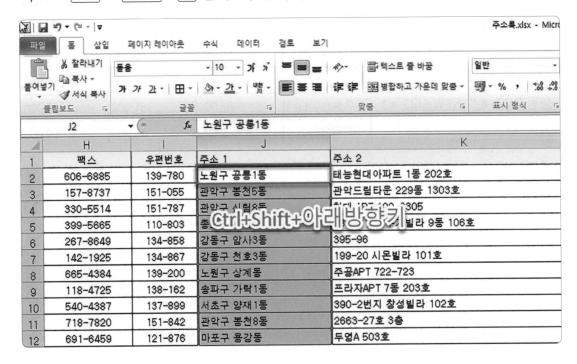

03 범위가 지정된 곳을 마우스 오른쪽 단추를 눌러서 **[셀 서식]**을 선택합니다.

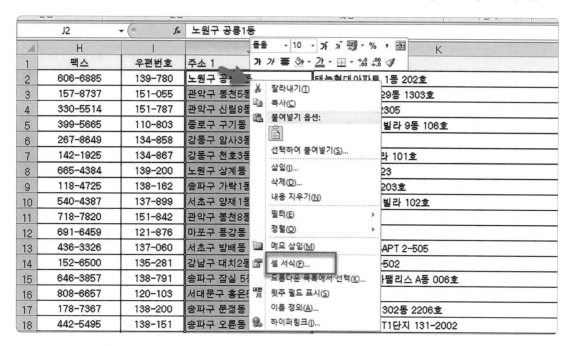

04 셀 서식의 대화상자에서 ❶**[표시 형식]**탭을 선택한 후 ❷**범주**에서 **[사용자 지정]**을 클릭합니다. 오른쪽에 나타난 ❸**형식**에서 "**G/표준**"이라고 입력된 곳을 클릭해서 내용을 지웁니다.

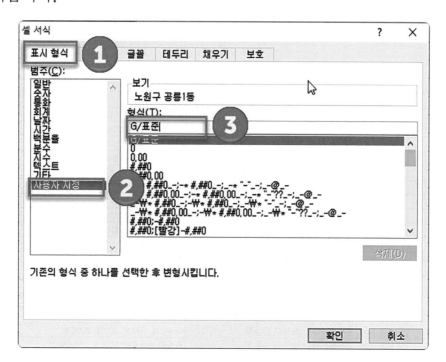

05 **"서울특별시 "**라고 입력한 후 @를 넣어줍니다. 여기서는 쌍따옴표를 넣어준 후 서울특별시를 입력하고 한 칸을 띄고 따옴표를 닫아준 후 @를 입력합니다.

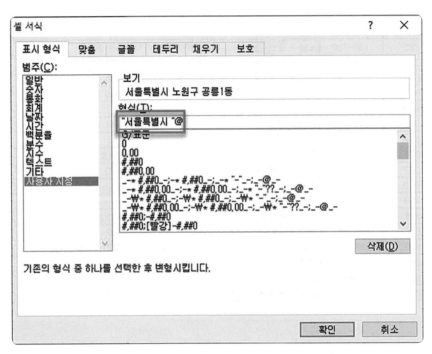

06 [확인]을 눌러서 결과를 보면 모든 데이터에 '서울특별시'가 포함되어 있는 것으로 보이지만 실제 입력된 것은 아닙니다. 인쇄하면 화면에 보이는 그대로 결과를 얻을 수 있습니다.

	H	I	J	K
	팩스	우편번호	주소 1	주소 2
	606-6885	139-780	서울특별시 노원구 공릉1동	태능현대아파트 1동 202호
	157-8737	151-055	서울특별시 관악구 봉천5동	관악드림타운 229동 1303호
	330-5514	151-787	서울특별시 관악구 신림8동	현대 APT 102-2305
	399-5665	110-803	서울특별시 종로구 구기동	233-2 현대구기빌라 9동 106호
	267-8649	134-858	서울특별시 강동구 암사3동	395-96
	142-1925	134-867	서울특별시 강동구 천호3동	199-20 시온빌라 101호
	665-4384	139-200	서울특별시 노원구 상계동	주공APT 722-723
	118-4725	138-162	서울특별시 송파구 가락1동	프라자APT 7동 203호
	540-4387	137-899	서울특별시 서초구 양재1동	390-2번지 창성빌라 102호
	718-7820	151-842	서울특별시 관악구 봉천8동	2663-27호 3층
	691-6459	121-876	서울특별시 마포구 용강동	두영A 503호
	436-3326	137-060	서울특별시 서초구 방배동	651-2 방배대우APT 2-505
	152-6500	135-281	서울특별시 강남구 대치2동	605 선경APT 7-502
	646-3857	138-791	서울특별시 송파구 잠실 5동	30번지 갤러리아팰리스 A동 006호
	808-6657	120-103	서울특별시 서대문구 홍은5동	316-15
	178-7367	138-200	서울특별시 송파구 문정동	대우3차 아파트 302동 2206호
	442-5495	138-151	서울특별시 송파구 오륜동	올림픽선수촌APT1단지 131-2002
	348-6669	135-110	서울특별시 강남구 압구정동	현대APT 200-2206
	313-5301	100-763	서울특별시 중구 신당3동	933 삼성APT 221-603
	459-1863	158-056	서울특별시 양천구 목6동	010 한신APT 207-602

@ 기호 의미

@ : 셀에 입력되어 있는 내용 그 자체를 의미합니다.
#, 0 : 셀에 입력되어 있는 숫자를 대신합니다. #,##0은 천단위마다 콤마를 넣어줍니다.

🖱 셀 서식 연습하기

01 연락처 필드에는 지역번호가 생략이 되어 있습니다. 서울특별시의 지역번호인 02까지 표시되도록 셀 서식을 설정해 보세요. **결과물 : 02-818-3934**

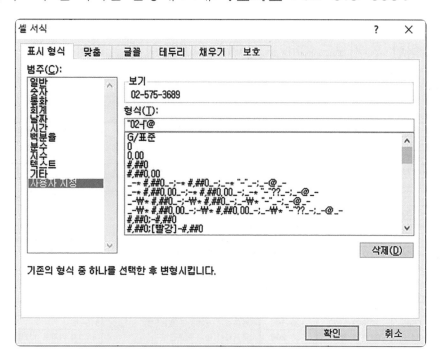

02 팩스 필드도 지역번호가 표시되도록 작업해 보세요. **결과물 : 02)3439-3833**

	606-6885				
	F	G	H	I	J
‖호	휴대폰	연락처	팩스	우편번호	주소 1
58166	010-6834-8608	02-575-3689	02)606-6885	139-780	서울특별시 노원구 공릉1동
17124	018-9126-4325	02-304-4001	02)157-8737	151-055	서울특별시 관악구 봉천5동
14191	011-9275-7589	02-617-5677	02)330-5514	151-787	서울특별시 관악구 신림8동
25189	017-9237-6406	02-248-4172	02)399-5665	110-803	서울특별시 종로구 구기동
16126	011-3729-6664	02-163-5344	02)267-8649	134-858	서울특별시 강동구 암사3동
55154	011-4076-6145	02-411-4873	02)142-1925	134-867	서울특별시 강동구 천호3동
31180	017-6049-1315	02-695-3530	02)665-4384	139-200	서울특별시 노원구 상계동
55161	016-4761-4790	02-442-5763	02)118-4725	138-162	서울특별시 송파구 가락1동
31130	018-5218-2583	02-290-2443	02)540-4387	137-899	서울특별시 서초구 양재1동
57191	010-5155-2358	02-324-8854	02)718-7820	151-842	서울특별시 관악구 봉천8동
12160	018-9051-6582	02-534-6690	02)691-6459	121-876	서울특별시 마포구 용강동
53108	016-2167-6592	02-857-2161	02)436-3326	137-060	서울특별시 서초구 방배동
11157	016-4331-4961	02-596-8975	02)152-6500	135-281	서울특별시 강남구 대치2동
10112	017-2467-2649	02-135-8031	02)646-3857	138-791	서울특별시 송파구 잠실 5동
38104	017-1446-2785	02-271-5566	02)808-6657	120-103	서울특별시 서대문구 홍은5동
38146	011-7210-3507	02-349-3419	02)178-7367	138-200	서울특별시 송파구 문정동

표시형식 원래대로 되돌리기

주소1에 적용된 "서울특별시 "@ 로 셀 서식의 표시 형식을 사용자지정으로 설정한 것을 입력한 원래의 순수한 내용으로 변경하고 합니다.

01 J2셀에 클릭한 후 키보드 Ctrl + Shift + ↓ 를 함께 눌러서 범위를 지정합니다.

	연락처	팩스	우편번호	주소 1	주소 2
8608	02-575-3689	02)606-6885	139-780	서울특별시 노원구 공릉1동	태능현대아파트 1동 202호
4325	02-304-4001	02)157-8737	151-055	서울특별시 관악구 봉천5동	관악드림타운 229동 1303호
7589	02-617-5677	02)330-5514	151-787	서울특별시 관악구 신림8동	현대 APT 102-2305
6406	02-248-4172	02)399-5665	110-803	서울특별시 종로구 구기동	233-2 현대구기빌라 9동 106호
6664	02-163-5344	02)267-8649	134-858	서울특별시 강동구 암사3동	395-96
6145	02-411-4873	02)142-1925	134-867	서울특별시 강동구 천호3동	199-20 시온빌라 101호
1315	02-695-3530	02)665-4384	139-200	서울특별시 노원구 상계동	주공APT 722-723
4790	02-442-5763	02)118-4725	138-162	서울특별시 송파구 가락1동	프라자APT 7동 203호
2583	02-290-2443	02)540-4387	137-899	서울특별시 서초구 양재1동	390-2번지 창성빌라 102호
2358	02-324-8854	02)718-7820	151-842	서울특별시 관악구 봉천8동	2663-27호 3층
6582	02-534-6690	02)691-6459	121-876	서울특별시 마포구 용강동	두영A 503호
6592	02-857-2161	02)436-3326	137-060	서울특별시 서초구 방배동	651-2 방배대우APT 2-505
4961	02-596-8975	02)152-6500	135-281	서울특별시 강남구 대치2동	605 선경APT 7-502
2649	02-135-8031	02)646-3857	138-791	서울특별시 송파구 잠실 5동	30번지 갤러리아팰리스 A동 006호
2785	02-271-5566	02)808-6657	120-103	서울특별시 서대문구 홍은5동	316-15
3507	02-349-3419	02)178-7367	138-200	서울특별시 송파구 문정동	대우3차 아파트 302동 2206호
8685	02-366-5710	02)442-5495	138-151	서울특별시 송파구 오륜동	올림픽선수촌APT1단지 131-2002
1455	02-719-8981	02)348-6669	135-110	서울특별시 강남구 압구정동	현대APT 200-2206
8795	02-149-7030	02)313-5301	100-763	서울특별시 중구 신당3동	933 삼성APT 221-603
6583	02-442-8007	02)459-1863	158-056	서울특별시 양천구 목6동	010 한신APT 207-602
7885	02-768-2007	02)352-6250	139-204	서울특별시 노원구 상계3동	초록하이츠 빌라 C동 302호 222-105

02 범위가 지정된 곳에 마우스 오른쪽 단추를 클릭해서 [셀 서식] 메뉴를 클릭합니다.

우편번호	주소 1	주소 2
139-780	서울특	현대아파트 1동 202호
151-055	서울특	드림타운 229동 1303호
151-787	별시 관악구 신림8동	현대 APT 102-2305
110-803	서울특 ✂ 잘라내기(T)	233-2 현대구기빌라 9동 106호
134-858	서울특 복사(C)	395-96
134-867	서울특 붙여넣기 옵션:	199-20 시온빌라 101호
139-200	서울특	주공APT 722-723
138-162	서울특 선택하여 붙여넣기(S)...	프라자APT 7동 203호
137-899	서울특 삽입(I)...	390-2번지 창성빌라 102호
151-842	서울특 삭제(D)...	2663-27호 3층
121-876	서울특 내용 지우기(N)	두영A 503호
137-060	서울특 필터(E) ▶	651-2 방배대우APT 2-505
135-281	서울특 정렬(O) ▶	605 선경APT 7-502
138-791	서울특 메모 삽입(M)	30번지 갤러리아팰리스 A동 006호
120-103	서울특 셀 서식(F)...	316-15
138-200	서울특 드롭다운 목록에서 선택(K)...	대우3차 아파트 302동 2206호
138-151	서울특 윗주 필드 표시(S)	올림픽선수촌APT1단지 131-2002
135-110	서울특 이름 정의(A)...	현대APT 200-2206

03 셀 서식 대화상자의 [표시형식] 탭에서 **[일반]**을 선택하면 셀 서식에서 표시 형식을 달리 해준 것이 키보드로 실제 입력한 상태로 되돌려 줍니다.

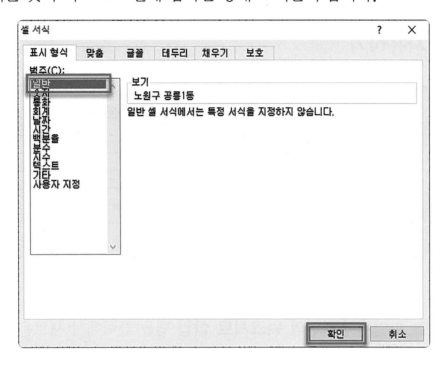

■ 알고 넘어가기

[홈] 탭에서 [편집] 그룹에 보면 [지우기]가 있으며 여기서 [서식 지우기]를 누르면 간단하게 모든 서식을 한 번에 지울수가 있습니다.

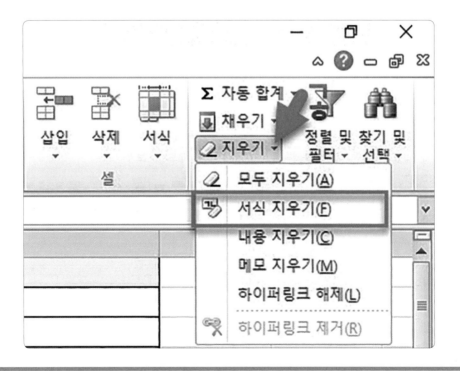

🖱 날짜 서식 사용하기

	A	B	C	D	E	F	G
1		부서명	20年 4月 1日	20年 4月 2日	20年 4月 3日	20年 4月 4日	20年 4月 5日
2			수요일	목요일	금요일	토요일	일요일
3		영업부		2			
4		자재부				1	
5		생산부					
6		홍보부	1				
7		인사부		1	1		1
8		지원부	2				1
9		경리부		1		1	1
10							

01 주소록.xlsx 파일에서 하단의 **워크시트 삽입** 탭을 클릭해서 새로운 시트를 삽입합니다.

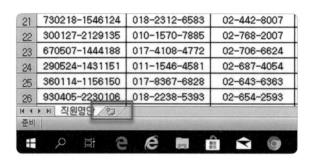

02 위의 샘플을 입력하기 위해서 [B1]셀에 **"부서명"**을 입력합니다.

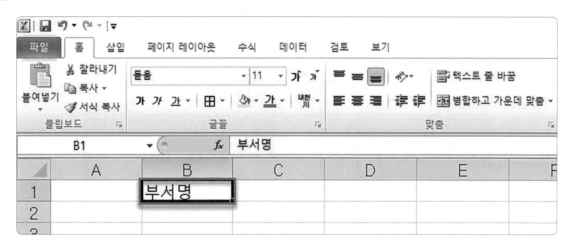

03 [C1]셀에 **"2020-4-1"**을 입력한 후 Ctrl + Enter 를 누릅니다.(오늘 날짜를 입력하려면 키보드의 Ctrl + ; 을 누르세요)

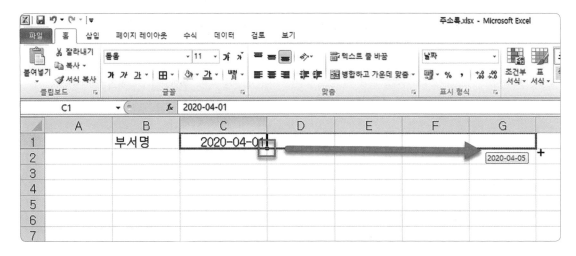

04 [C1]셀의 채우기 핸들을 [G1]까지 드래그해서 날짜를 채우기합니다.

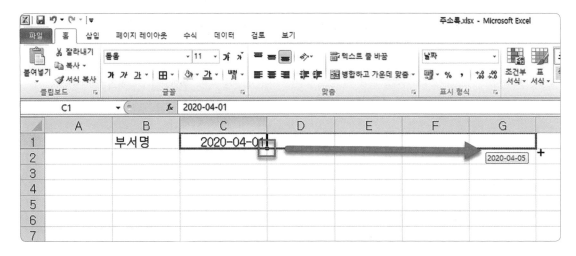

05 마우스 오른쪽 단추를 클릭해서 [셀 서식]을 선택합니다.

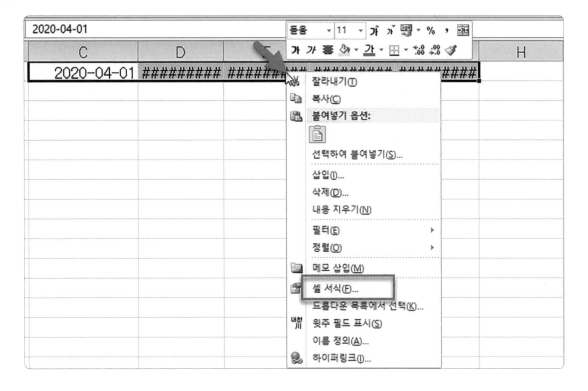

06 셀 서식 대화상자의 표시 형식 범주에서 **날짜**를 선택한 후 오른쪽 형식에서 **01年 3月 14日**을 클릭한 후 **확인**을 누릅니다.

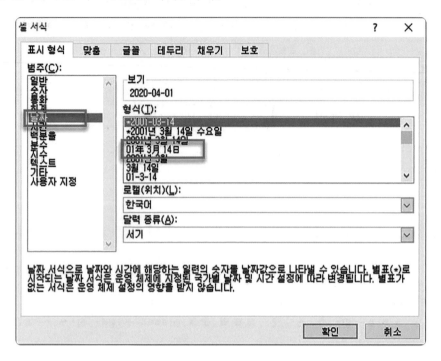

07 [C2]셀에 **"=C1"**을 입력하거나 =을 입력하고 마우스로 C1을 클릭한 후 Ctrl + Enter 를 치면 동일한 날짜가 나타납니다. 서식이 적용된 셀을 참조할 경우 서식까지 그대로 셀에 표시가 됩니다.

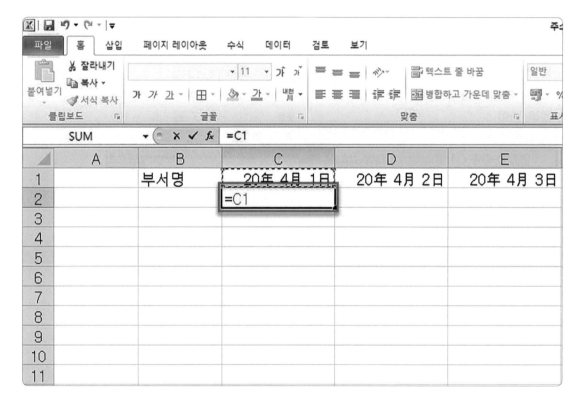

08 마우스 오른쪽 단추를 클릭해서 **[셀 서식]–[사용자 지정]**에서 형식칸에 **"aaaa"**를
입력한 후 [확인]을 클릭합니다.(aaa는 짧은 요일, aaaa는 긴요일)

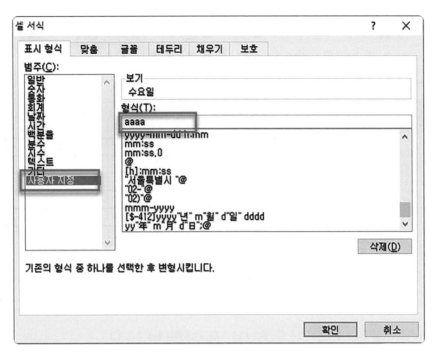

09 [C2]셀의 채우기 핸들을 [G2]까지 드래그합니다.

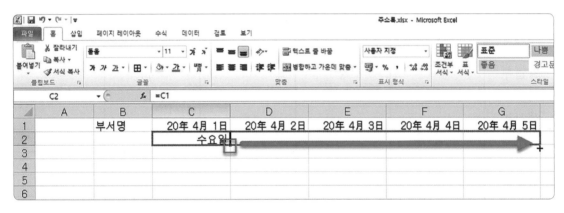

10 B3셀 부터 B9셀을 입력하고 가운데 맞출 것은 맞추고 입력된 모든 셀을 선택한 후
모든 테두리를 넣어줍니다.

B	C	D	E	F	G
부서명	20年 4月 1日	20年 4月 2日	20年 4月 3日	20年 4月 4日	20年 4月 5日
	수요일	목요일	금요일	토요일	일요일
영업부		2			
자재부				1	
생산부					
홍보부	1				
인사부		1	1		1
지원부	2				1
경리부		1		1	

11 부서명은 두 개의 셀을 **병합한 후 가운데 맞춤**을 눌러줍니다.

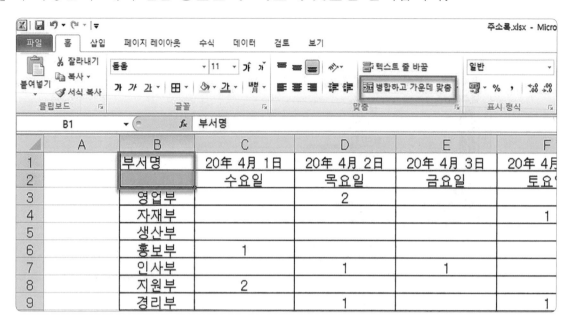

■ 아래와 같이 셀서식을 이용하여 표현해보세요.

01 사용자 지정 (yyyy.mm.dd와 aaa)를 이용하여 표시합니다.

B	C	D	E	F	G
부서명	2020.04.01	2020.04.02	2020.04.03	2020.04.04	2020.04.05
	수	목	금	토	일
영업부		2			
자재부				1	
생산부					
홍보부	1				
인사부		1	1		1
지원부	2				1
경리부		1		1	1

02 사용자 지정 (yyyy-mmmm-dd와 dddd)를 이용하여 표시합니다.

B	C	D	E	F	G
부서명	2020-April-01	2020-April-02	2020-April-03	2020-April-04	2020-April-05
	Wednesday	Thursday	Friday	Saturday	Sunday
영업부		2			
자재부				1	
생산부					
홍보부	1				
인사부		1	1		1
지원부	2				1
경리부		1		1	1

03 사용자 지정 (#번)을 이용하여 표시합니다.

부서명	2020-April-01 Wednesday	2020-April-02 Thursday	2020-April-03 Friday	2020-April-04 Saturday	2020-April-05 Sunday
영업부		2번			
자재부				1번	
생산부					
홍보부	1번				
인사부		1번	1번		1번
지원부	2번				1번
경리부		1번		1번	1번

04 모든 셀의 서식을 [일반]으로 지정합니다. 날짜도 숫자에 불과합니다.

부서명	43922 43922	43923 43923	43924 43924	43925 43925	43926 43926
영업부		2			
자재부				1	
생산부					
홍보부	1				
인사부		1	1		1
지원부	2				1
경리부		1		1	1

🖱 글자 세로 맞춤

01 아래의 데이터를 새로운 sheet에 입력합니다.

	A	B	C	D	E	F	G
1		국어	영어	수학	총점		
2	손흥민	90	80	88	258		
3	이강인	80	78	88	246		
4	류현진	90	80	85	255		
5	김연아	70	80	90	240		
6							

02 [B1:E1]을 셀 범위로 지정한 후 마우스 오른쪽 단추를 클릭해서 **[셀 서식]**을 클릭합니다.

03 [맞춤] – [방향]에서 **세로방향**을 클릭한 후 확인을 누릅니다.

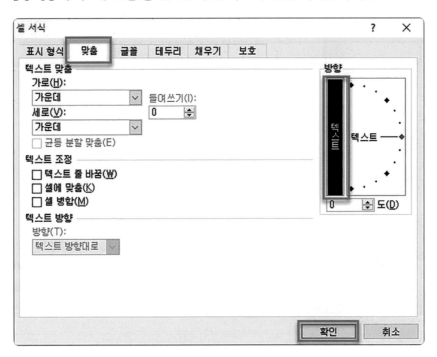

	A	B	C	D	E
1		국어	영어	수학	총점
2	손흥민	90	80	88	258
3	이강인	80	78	88	246
4	류현진	90	80	85	255
5	김연아	70	80	90	240

04 [A1]셀을 아래처럼 만들기 위해 **"과목"**을 입력한 후 Art + Enter 를 눌러서 줄을 변경한 후 **"성명"**을 입력합니다. 물론 과목 앞에 빈 칸을 여러 번 넣어줍니다.

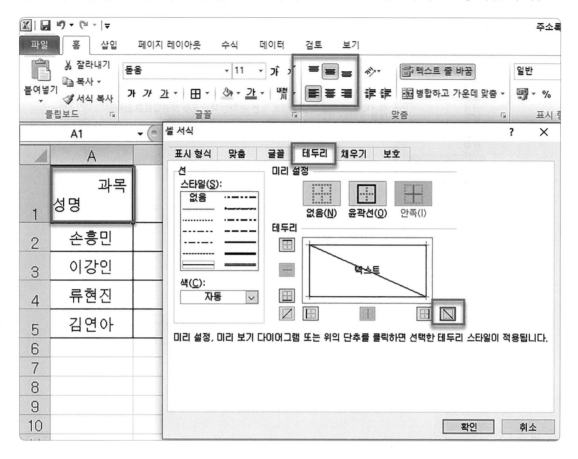

🖱 기타 셀 서식

01 화면 하단의 워크시트 삽입 버튼을 클릭해서 새로운 시트를 만든 후 **[B4]**셀에 **=34+34**라고 입력한 후 Enter 를 누릅니다.

	A	B	C	D
1				
2				
3				
4		=34+34		✚
5				
6				
7				
8				
9				

02 68이라는 결과가 나타나게 되는데 이번에는 B5셀에 [셀 서식] – [표시형식] – [텍스트]로 지정한 후 다시 수식을 =34+34를 입력한 후 Enter 를 눌러보세요.

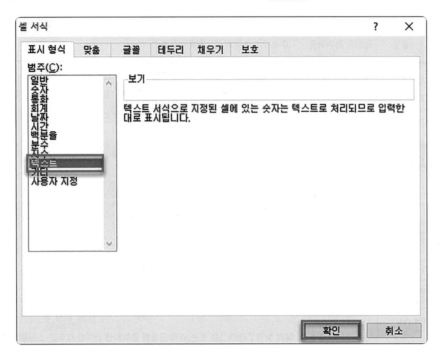

03 =34+34를 입력한 결과가 아래와 같이 표시됩니다.

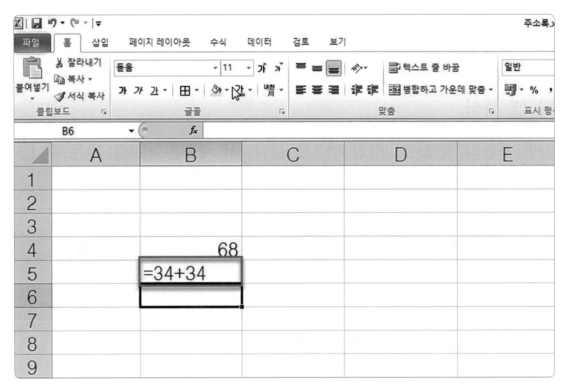

04 입력된 [B4:B5]셀을 범위로 지정한 후 마우스 오른쪽 단추를 클릭한 후 **[삭제]**를 해서 [확인]버튼을 클릭합니다.

05 아래처럼 금액이 천만단위까지인 숫자를 입력합니다.

⊿	A	B	C	D	E	F
1						(단위:원)
2	성명	1월	2월	3월	4월	5월
3	안정환	89,107,793	99,642,378	34,432,855	67,831,719	20,973,110
4	진종오	34,475,113	72,464,640	85,158,325	81,056,931	73,738,791
5	모태범	70,119,370	67,147,273	54,905,600	99,430,237	64,301,055
6	김연아	53,898,441	99,931,884	30,597,466	97,646,755	41,657,314

06 백만 단위로 표시되도록 셀 서식을 정해보세요. [셀서식] – [표시형식] – [사용자 정의]에서 "**#,##0,,**"를 사용합니다.

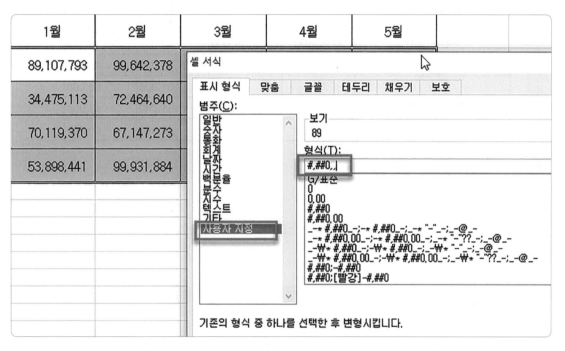

#,##0까지는 천단위마다 콤마(,)를 사용하는 것이고 뒤에 콤마 2개가 중요한데 1개를 찍으면 천단위, 2개를 찍으면 백만단위로 줄여서 표시해 주는 것입니다.

07 단위를 아래와 같이 수정합니다.

⊿	A	B	C	D	E	F
1						(단위:백만원)
2	성명	1월	2월	3월	4월	5월
3	안정환	50	97	94	72	99
4	진종오	60	39	29	60	73

🖱 셀 스타일 적용

셀 서식을 매번 만들어 사용하게 되면 일관성이 결여된 작업을 하게 되므로 엑셀은 자주 사용하는 셀 서식을 스타일로 제공합니다.

01 주소록.xlsx 파일의 두번째 시트인 '**렌트비**'를 열어줍니다.

	구분	할인율(%)	대여기간별 1일 요금		
			1-2일	3-6일	7일 이상
	아반테,SM3	기본	90,000	81,000	72,000
		주중(50%)	45,000	41,000	36,000
		주말(45%)	50,000	45,000	40,000
	아반떼MD A/T, NEW SM3, K3	기본	112,000	101,000	90,000
		주중(50%)	56,000	51,000	45,000
		주말(45%)	62,000	46,000	50,000

02 [B4:F5] 범위를 지정한 후 [홈]탭 – 스타일그룹 [셀 스타일] – [60%–강조색5]를 선택합니다.

	구분	할인율(%)	대여기간별 1일 요금		
			1-2일	3-6일	7일 이상
	아반테,SM3	기본	90,000	81,000	72,000
		주중(50%)	45,000	41,000	36,000
		주말(45%)	50,000	45,000	40,000
	아반떼MD A/T, NEW SM3, K3	기본	112,000	101,000	90,000
		주중(50%)	56,000	51,000	45,000
		주말(45%)	62,000	46,000	50,000

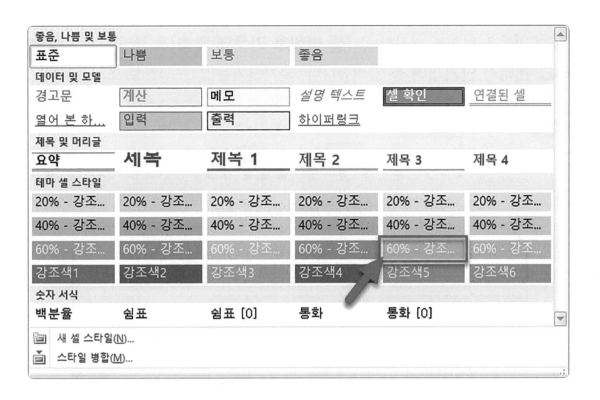

03 [B6:B11] 범위지정 – [셀 스타일] – [20% – 강조색6]를 선택합니다.

	A	B	C	D	E	F
1						
2						
3						
4		구분	할인율(%)	대여기간별 1일 요금		
5				1-2일	3-6일	7일 이상
6		아반테,SM3	기본	90,000	81,000	72,000
7			주중(50%)	45,000	41,000	36,000
8			주말(45%)	50,000	45,000	40,000
9		아반떼MD A/T, NEW SM3, K3	기본	112,000	101,000	90,000
10			주중(50%)	56,000	51,000	45,000
11			주말(45%)	62,000	46,000	50,000

04 [C6:F11] 범위지정 – [셀 스타일] – [20% – 강조색4]을 선택합니다.

	A	B	C	D	E	F
1						
2						
3						
4		구분	할인율(%)	대여기간별 1일 요금		
5				1-2일	3-6일	7일 이상
6		아반테,SM3	기본	90,000	81,000	72,000
7			주중(50%)	45,000	41,000	36,000
8			주말(45%)	50,000	45,000	40,000
9		아반떼MD A/T, NEW SM3, K3	기본	112,000	101,000	90,000
10			주중(50%)	56,000	51,000	45,000
11			주말(45%)	62,000	46,000	50,000

05 [B2:F2]셀을 범위로 지정한 후 [**셀 병합후 가운데 맞춤**]을 클릭한 후 "**지아이에듀테크 렌터카 단기대여**"를 입력합니다. 글자크기는 24포인트로 조절합니다.

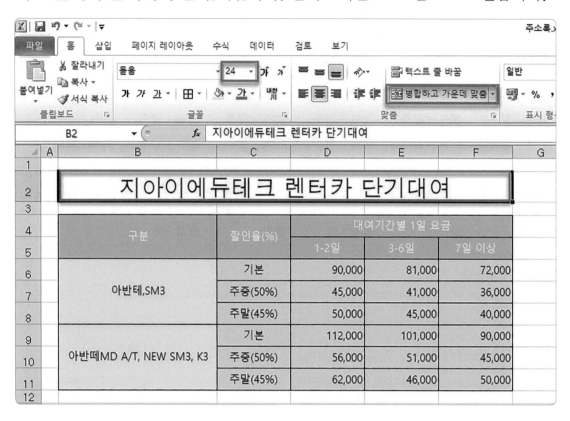

06 [B2]셀을 클릭한 후 [셀 스타일] – [제목 1]을 선택합니다.

셀 스타일 없애기

01 셀 스타일이 적용된 [B2:F11]을 범위로 지정합니다.

	A	B	C	D	E	F	G
			fx	지아이에듀테크 렌터카 단기대여			
1							
2			지아이에듀테크 렌터카 단기대여				
3							
4		구분	할인율(%)	대여기간별 1일 요금			
5				1-2일	3-6일	7일 이상	
6		아반테,SM3	기본	90,000	81,000	72,000	
7			주중(50%)	45,000	41,000	36,000	
8			주말(45%)	50,000	45,000	40,000	
9		아반떼MD A/T, NEW SM3, K3	기본	112,000	101,000	90,000	
10			주중(50%)	56,000	51,000	45,000	
11			주말(45%)	62,000	46,000	50,000	
12							
13							

02 셀 스타일의 자세히 버튼을 클릭합니다.

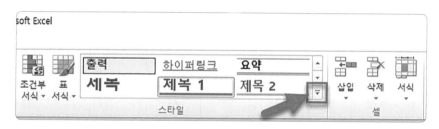

03 셀 스타일의 가장 위에 있는 **표준**을 클릭하면 스타일뿐 아니라 서식지정된 것이 모두 취소가 됩니다.

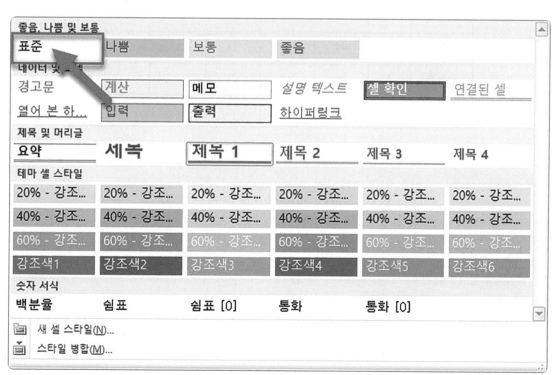

1. 계산하기   2. 수식 알아보기

🔍 미리보기

	A	B	C	D	E	F	G	H	I
1					성적표				
2									
3		이름	반	국어	영어	수학	총점	평균	
4		정해인	1	63	96	32	191	63.67	
5		박준형	2	45	73	56	174	58.00	
6		손나은	1	80	90	85	255	85.00	
7		이희경	3	64	30	43	137	45.67	
8		이재경	3	57	56	99	212	70.67	
9		김창환	2	50	96	56	202	67.33	
10		배수지	2	46	78	69	193	64.33	
11		유인나	1	100	47	36	183	61.00	
12		이지은	2	99	64	31	194	64.67	
13		김경호	3	99	43	99	241	80.33	
14		오재진	1	59	37	56	152	50.67	
15									

📝 이런 것을 배워요

❶ 수식을 이용하여 총점을 구해봅니다.

❷ 계산식 사용방법을 배우게 됩니다.

❸ 변수와 상수에 관하여 이해를 하게 됩니다.

🖱 수식 계산

엑셀은 함수를 사용하면 편리하지만 여기서는 수식에 관한 일반적인 것을 먼저 알아보기
위해서 간단한 사칙연산 등을 사용할 것입니다.

01 예제 파일을 다운로드한 폴더에서 "**성적표**"를 열어줍니다

02 첫번째 학생의 총점을 구하기 위해 **G4**셀에 클릭을 합니다.

	A	B	C	D	E	F	G	H	I
1					성적표				
2									
3		이름	반	국어	영어	수학	총점	평균	
4		정해인	1	59	96	32			
5		박준형	2	45	73	56			
6		이희경	3	64	30	43			
7		이재경	3	57	56	99			
8		김창환	2	50	96	56			

03 "=D4+E4+F4"를 입력하거나 "="을 입력한 후 마우스로 D4를 클릭한 후 "+"를 누
르고 다시 E4셀을 클릭한 후 "+"를 입력하고 F4셀을 클릭한 후 Ctrl + Enter 를 누
릅니다.

	A	B	C	D	E	F	G	H	I
1					성적표				
2		✚							
3		이름	반	국어	영어	수학	총점	평균	
4		정해인	1	59	96	32	=D4+E4+F4		
5		박준형	2	45	73	56			
6		이희경	3	64	30	43			
7		이재경	3	57	56	99			
8		김창환	2	50	96	56			

04 자동 채우기 핸들에 마우스를 올려 놓은 후 더블클릭을 하면 나머지 사람의 총점이 모두 구해집니다. 기존의 자동 채우기 방식인 드래그를 하는 것과 동일한 것입니다.

	이름	반	국어	영어	수학	총점	평균
				성적표			
정해인	1	59	96	32	187		
박준형	2	45	73				
이희경	3	64	30	43			
이재경	3	57	56	99			
김창환	2	50	96	56			
배수지	2	46	78	69			
유인나	1	100	47	36			
이지은	2	99	64	31			

더블클릭

05 첫 번째 학생의 평균을 구하기 위해 H4셀에 클릭을 한 후 "=G4/3"을 입력한 후 Ctrl + Enter 를 누릅니다. /(슬래시)는 나누기(÷)를 의미합니다.

성적표

이름	반	국어	영어	수학	총점	평균
정해인	1	59	96	32	187	=G4/3
박준형	2	45	73	56	174	
이희경	3	64	30	43	137	
이재경	3	57	56	99	212	
김창환	2	50	96	56	202	
배수지	2	46	78	69	193	
유인나	1	100	47	36	183	

06 평균이 들어간 H4셀의 자동 채우기 핸들을 더블클릭하거나 H13셀까지 드래그합니다.

	A	B	C	D	E	F	G	H	I
1					성적표				
2									
3		이름	반	국어	영어	수학	총점	평균	
4		정해인	1	59	96	32	187	62.33333333	
5		박준형	2	45	73	56	174		
6		이희경	3	64	30	43	137		
7		이재경	3	57	56	99	212		
8		김창환	2	50	96	56	202		
9		배수지	2	46	78	69	193		
10		유인나	1	100	47	36	183		
11		이지은	2	99	64	31	194		

07 소수점이 나와서 보기가 좋지 않으면 홈 탭의 표시형식 그룹에 있는 소수점 **[자리수 줄임]** 버튼을 이용하여 자리수를 맞춥니다. 엑셀에서는 소수점의 자리수를 줄이면 자동으로 반올림이 됩니다.

성적표.xlsx - Microsoft Excel

삽입　페이지 레이아웃　수식　데이터　검토　보기

맑은 고딕　11　가 가　≡ ≡ ≡　≫　텍스트 줄 바꿈　일반
가 가 가 ▾　田 ▾　◇ ▾ 가 ▾　배경川　≡ ≡ ≡　拝 拝　병합하고 가운데 맞춤 ▾　₩ ▾ % ,　.00 .0　조건부 서식 ▾
글꼴　맞춤　표시 형식

fx　=G4/3

	B	C	D	E	F	G	H	I	J	K
				성적표						
	이름	반	국어	영어	수학	총점	평균			
	정해인	1	59	96	32	187	62.33333333			
	박준형	2	45	73	56	174	58			
	이희경	3	64	30	43	137	45.66666667			
	이재경	3	57	56	99	212	70.66666667			

🖱 데이터 삽입

01 성적표에 한 명이 추가되면 엑셀은 자동으로 계산을 해주므로 다시 수식을 사용해서 계산할 필요가 없어집니다. 한 명을 삽입하기 위해 6행에 마우스 오른쪽 단추를 클릭한 후 **[삽입]** 메뉴를 클릭합니다.

02 아래와 같이 데이터를 입력합니다. 여러분의 이름으로 점수를 넣어도 됩니다.

03 총점과 평균을 구하기 위해 **[G5:H5]**를 범위로 지정한 후 자동 채우기 핸들을 아래로 드래그합니다.

	A	B	C	D	E	F	G	H	I
1					성적표				
2									
3		이름	반	국어	영어	수학	총점	평균	
4		정해인	1	59	96	32	187	62.33	
5		박준형	2	45	73	56	174	58.00	
6		손나은	1	80	90	85			
7		이희경	3	64	30	43	137	45.67	
8		이재경	3	57	56	99	212	70.67	
9		김창환	2	50	96	56	202	67.33	

04 정해인 학생의 국어점수가 4점이 플러스가 되어야 한다고 합니다. D4셀의 59점수를 63로 수정하고 [Enter]를 치면 총점과 평균의 점수가 어떻게 변하는지 확인합니다.

	A	B	C	D	E	F	G	H
1					성적표			
2								
3		이름	반	국어	영어	수학	총점	평균
4		정해인	1	59	96	32	187	62.33
5		박준형	2	45	73	56	174	58.00
6		손나은	1	80	90	85	255	85.00

	A	B	C	D	E	F	G	H
1					성적표			
2								
3		이름	반	국어	영어	수학	총점	평균
4		정해인	1	63	96	32	191	63.67
5		박준형	2	45	73	56	174	58.00
6		손나은	1	80	90	85	255	85.00
7		이희경	3	64	30	43	137	45.67

🖱 데이터 삭제

01 총점은 국어+영어+수학을 합친 것이고 평균은 총점을 3으로 나눈 결과입니다. 그럼 이번에는 영어칸을 삭제합니다.

⊿	A	B	C	D	E		F	G	H	I
1					성적					
2										
3		이름	반	국어	영어				평균	
4		정해인	1	63	96				63.67	
5		박준형	2	45	73				58.00	
6		손나은	1	80	90				85.00	
7		이희경	3	64	30				45.67	
8		이재경	3	57	56		99	212	70.67	
9		김창환	2	50	96		56	202	67.33	
10		배수지	2	46	78		69	193	64.33	
11		유인나	1	100	47		36	183	61.00	

(마우스 오른쪽 버튼 메뉴)
- ✂ 잘라내기(T)
- 📋 복사(C)
- 📋 붙여넣기 옵션:
- 선택하여 붙여넣기(S)...
- 삽입(I)
- 삭제(D)
- 내용 지우기(N)
- 🔲 셀 서식(F)...
- 열 너비(C)...
- 숨기기(H)
- 숨기기 취소(U)

02 #REF! 라는 에러가 나옵니다. 수식을 계산할 때 참조하는 셀이 삭제가 되면 안됩니다. 이러한 문제를 해결하기 위해 함수를 사용해야 하는 것입니다.

G4　　　 f_x　=F4/3

⊿	A	B	C	D	E	F	G	H
1				성적표				
2								
3		이름	반	국어	수학	총점	평균	
4		정해인	1	63	32	#REF!	#REF!	
5		박준형	2	45	56	#REF!	#REF!	
6		손나은	1	80	85	#REF!	#REF!	
7		이희경	3	64	43	#REF!	#REF!	
8		이재경	3	57	99	#REF!	#REF!	

80

🖱 변수와 상수

X = 5 의미?

[B3]셀은 B3이라는 변수(그릇)이고 "홍길동"은 상수로 그릇에 들어가는 내용물로 여기서
는 문자 값입니다. 이것을 수식으로 표현하면 **B3="홍길동"**이고 어떤 프로그래밍에도 동
일한 방식으로 사용됩니다.

엑셀은 셀로 이뤄져 있고 셀에 값(상수)가 들어가게 되는데 기억되는 셀의 이름은 변수가
되는 것입니다. 좌변은 B3을 생략해도 되며 이것을 줄여보면 **="홍길동"**이 됩니다. 엑셀은
좀 더 쉽게 상수값을 입력할 때 숫자나 문자를 입력하면 자동으로 숫자와 문자로 인식을 하
고 셀에 기억을 하게 됩니다.

🖱 계산 우선 순위

[F3]셀에 **=C3+D3*E3**을 입력하면 7280이란 결과가 나옵니다. 수식을 사용하여 계산할 때는 연산의 우선 순위가 있어서 가독성이 좋게 하려면 **=C3+(D3*E3)**이라고 입력하는 것이 좋습니다.

$$=E3/2+SUM(C3:D3)$$

컴퓨터는 사용자가 어떻게 수식을 넣었는가에 따라 계산결과가 달라지는데 우선 순위는 괄호를 이용해야 정확한 결과를 얻을 수 있습니다.

> ■ 알고 넘어가기
>
> Ctrl + ~ : 시트에 수식이 나타나게 되고 다시 누르면 수식의 결과값이 나타납니다.

🖱 연산자 종류

산술, 비교, 연결, 참조 연산자가 있습니다.

1) 산술 연산자 : 더하기, 빼기, 곱하기, 나누기 등 계산하는 연산자

연산자	기능	사용 예	연산자	기능	사용 예
+	더하기	=C3+D3+E3	−	음수	=-C3+D3
−	빼기	=C3-D3-6	%	백분율	=C3*D3%
*	곱하기	=C3*D3*2	^	거듭제곱	=C3^2
/	나누기	=C3/D3			

2) 비교 연산자 : 두 값은 비교하여 참이면 TRUE(1)을 구하고 거짓이면 FALSE(0)을 구함

연산자	기능	사용 예
&	값을 연결	="엑셀"&2010&B3&"배우기"

3) 연결 연산자 : 두 값을 연결하여 표시해주는 연산자로 계산은 못합니다.

연산자	기능	사용 예	연산자	기능	사용 예
=	같다	=C3=5	>=	크거나 같다	=C3>=E3
>	크다	=D3>C3	<=	작거나 같다	=D3<=5
<	작다	=E3<D3	<>	같지않다	=E3<>D3

4) 참조 연산자 : 선택한 셀을 어떻게 참조할 것인지의 연산자입니다.

연산자	기능	사용 예
: (콜론)	선택한 두 셀 사이의 모든 셀을 참조	=SUM(B3:D6)
, (콤마)	비 연속성으로 선택한 여러 셀을 참조	=SUM(B3:B6,C3,D3:D5)
공백	선택한 여러셀이 교차된 부분만 참조	=SUM(B4:C8 C3:C5)

5) 연산자 우선순위 : 수식에 여러 개의 연산자를 사용할 경우 아래와 같은 순서로 계산

순위	연산자	사용 예
1		괄호
2	참조 연산자	:(콜론) → ,(콤마) → 공백
3	산술 연산자	음수 → % → ^ → *,/ → +,-
4	연결 연산자	&
5	비교 연산자	=,<,>,>=,<=,<>

이외에도 논리 연산자도 있으나 여기서는 제외합니다.(두개의 수식사이에 위치합니다)

성적표로 배우는 함수(1)

1. SUM( )함수   2. AVERAGE( )함수
3. MAX( ), MIN( )함수   4. 함수 알아보기

🔍 미리보기

성적표

번호	이름	국어	영어	수학	컴퓨터	총점	평균
1	정해인	63	96	32	77	268	67.00
2	박준형	45	73	56	53	227	56.75
3	손나은	80	90	85	51	306	76.50
4	이희경	64	30	43	79	216	54.00
5	이재경	57	56	99	50	262	65.50
6	김창환	50	96	56	90	292	73.00
7	배수지	46	78	69	64	257	64.25
8	유인나	100	47	36	92	275	68.75
9	이지은	99	64	31	88	282	70.50
10	김경호	99	43	99	84	325	81.25
최대값		100	96	99	92	325	81.25
최소값		45	30	31	50	216	54

📝 이런 것을 배워요

❶ SUM( )을 이용해 합계를 구합니다.
❷ AVERAGE( )로 평균을 구해서 표시합니다.
❸ MAX( )로 범위에서 가장 큰 값을 구합니다.
❹ MIN( )로 범위에서 가장 작은 값을 구합니다.

🖱 SUM( )으로 합계 구하기

01 아래의 성적표를 정확한 셀에 각각 입력하고 테두리와 가운데 맞춤으로 만들어두고 바탕화면에 "**성적표함수.xlsx**"로 저장합니다.

	A	B	C	D	E	F	G	H	I
1				✚					
2									
3									
4		번호	이름	국어	영어	수학	컴퓨터	총점	평균
5		1	정해인	63	96	32	77		
6		2	박준형	45	73	56	53		
7		3	손나은	80	90	85	51		
8		4	이희경	64	30	43	79		
9		5	이재경	57	56	99	50		
10		6	김창환	50	96	56	90		
11		7	배수지	46	78	69	64		
12		8	유인나	100	47	36	92		
13		9	이지은	99	64	31	88		
14		10	김경호	99	43	99	84		
15		최대값							
16		최소값							
17									

02 [H5]셀에 클릭한 후 "**=sum(**" 까지 입력합니다.

	A	B	C	D	E	F	G	H	I	J
1										
2										
3										
4		번호	이름	국어	영어	수학	컴퓨터	총점	평균	
5		1	정해인	63	96	32	77	=sum(		
6		2	박준형	45	73	56	53	SUM(**number1**, [number2], ...)		
7		3	손나은	80	90	85	51			
8		4	이희경	64	30	43	79			
9		5	이재경	57	56	99	50			

03 1번 정해인의 총점을 구할 범위를 **D5에서 G5 까지 드래그**해서 범위를 설정합니다.

	SUM	▼	× ✓ fx	=sum(D5:G5				
▲	A	B	C	D	E	F	G	H	I
1								
2								
3								
4		번호	이름	국어	영어	수학	컴퓨터	충점	평균
5		1	정해인	63	96	32		I =sum(D5:G5
6		2	박준형	45	73	56		SUM(**number1**, [number2], ...)
7		3	손나온	80	90	85	51	
8		4	이회경	64	30	43	79	
9		5	이재경	57	56	99	50	
10		6	김창환	50	96	56	90	
11		7	배수지	46	78	69	64	
12		8	유인나	100	47	36	92	

04 나머지 괄호를 닫은 후 Enter 를 눌러서 충점을 구할 수 있습니다. [H5]셀을 클릭한 후 채우기 핸들에 마우스를 올려놓은 후 [H14]까지 드래그해서 자동 채우기를 합니다.

▲	A	B	C	D	E	F	G	H	I	J
1										
2										
3										
4		번호	이름	국어	영어	수학	컴퓨터	충점	평균	
5		1	정해인	63	96	32	77	268		
6		2	박준형	45	73	56	53			
7		3	손나온	80	90	85	51			
8		4	이회경	64	30	43	79			
9		5	이재경	57	56	99	50			
10		6	김창환	50	96	56	90			
11		7	배수지	46	78	69	64			
12		8	유인나	100	47	36	92			
13		9	이지은	99	64	31	88			
14		10	김경호	99	43	99	84			
15		최대값								
16		최소값								
17										

05 충점이 구해진 셀에 보이는 숫자는 계산 결과가 보일 뿐 실제 입력된 것은 계산식입니다. 하나의 답을 구한 뒤 자동 채우기를 이용해 나머지 답을 구하는 작업을 주로 하게 됩니다. 아래와 같이 계산식을 보기 위해서 Ctrl + ~ 을 누르면 아래와 같이 셀이 보이게 됩니다.

	번호	이름	국어	영어	수학	컴퓨터	총점
5	1	정해인	63	96	32	77	=SUM(D5:G5)
6	2	박준형	45	73	56	53	=SUM(D6:G6)
7	3	손나은	80	90	85	51	=SUM(D7:G7)
8	4	이희경	64	30	43	79	=SUM(D8:G8)
9	5	이재경	57	56	99	50	=SUM(D9:G9)
10	6	김창환	50	96	56	90	=SUM(D10:G10)
11	7	배수지	46	78	69	64	=SUM(D11:G11)
12	8	유인나	100	47	36	92	=SUM(D12:G12)
13	9	이지은	99	64	31	88	=SUM(D13:G13)
14	10	김경호	99	43	99	84	=SUM(D14:G14)
15	최대값						
16	최소값						

06 총점이 구해진 셀을 클릭하면 수식 입력줄에 계산식이 표시되어 있습니다. 위의 그림 처럼 각 총점을 구한 셀은 자동으로 셀 좌표가 하나씩 변하고 있는 것을 알 수 있습니 다. 다시 Ctrl + ~ 을 눌러서 수식이 표현되지 않고 결과값이 표현되도록 합니다.

	번호	이름	국어	영어	수학	컴퓨터	총점	평균
5	1	정해인	63	96	32	77	268	
6	2	박준형	45	73	56	53	227	
7	3	손나은	80	90	85	51	306	
8	4	이희경	64	30	43	79	216	
9	5	이재경	57	56	99	50	262	
10	6	김창환	50	96	56	90	292	
11	7	배수지	46	78	69	64	257	
12	8	유인나	100	47	36	92	275	
13	9	이지은	99	64	31	88	282	
14	10	김경호	99	43	99	84	325	
15	최대값							
16	최소값							

Ctrl+`를 누릅니다.

🖱 과목 삽입하기

국어와 영어사이에 미술과목을 끼워넣는 작업을 합니다. 계산식은 이미 범위로 했기 때문에 삽입을 한 후 결과만 확인해 보세요.

01 E열 버튼에 마우스 오른쪽 단추를 클릭해서 **[삽입]**을 선택합니다.

번호	이름	국어	영어			총점	평균
1	정해인	63	96			268	
2	박준형	45	73			227	
3	손나온	80	90			306	
4	이희경	64	30			216	
5	이재경	57	56			262	
6	김창환	50	96	56	90	292	
7	배수지	46	78	69	64	257	
8	유인나	100	47	36	92	275	

(메뉴: 잘라내기(T), 복사(C), 붙여넣기 옵션:, 선택하여 붙여넣기(S)..., 삽입(I), 삭제(D), 내용 지우기(N), 셀 서식(F)..., 열 너비(C)..., 숨기기(H), 숨기기 취소(U))

02 삽입된 칸에 미술과목의 점수를 아래와 같이 입력합니다. 아래와 같이 동일한 점수를 입력하지 않아도 됩니다.

번호	이름	국어	미술	영어	수학	컴퓨터	총점	평균
1	정해인	63	84	96	32	77	352	
2	박준형	45	63	73	56	53	290	
3	손나온	80	94	90	85	51	400	
4	이희경	64	90	30	43	79	306	
5	이재경	57	80	56	99	50	342	
6	김창환	50	89	96	56	90	381	
7	배수지	46	69	78	69	64	326	
8	유인나	100	86	47	36	92	361	
9	이지은	99	86	64	31	88	368	
10	김경호	99	78	43	99	84	403	

03 총점의 결과는 미술과목이 자동으로 덧셈이 된 것을 확인할 수가 있는데 I5셀을 클릭해서 =SUM(D5:G5)에서 **=SUM(D5:H5)**로 변경된 것을 확인해 보세요.

	번호	이름	국어	미술	영어	수학	컴퓨터	총점	평균
	1	정해인	63	84	96	32	77	352	
	2	박준형	45	63	73	56	53	290	
	3	손나은	80	94	90	85	51	400	
	4	이희경	64	90	30	43	79	306	
	5	이재경	57	80	56	99	50	342	
	6	김창환	50	89	96	56	90	381	
	7	배수지	46	69	78	69	64	326	

I5   *fx*   =SUM(D5:H5)

04 국어점수가 기록된 D열 버튼에 삽입을 한 후 **"사회"** 과목을 입력한 후 정답이 구해진 결과를 확인해 보세요. 사회는 점수에 포함되지 않았습니다. 수식은 =SUM(D5:H5) 였지만 변경된 수식은 **=SUM(E5:I5)**로 변경된 것을 알 수가 있습니다.

J5   *fx*   =SUM(E5:I5)   ③

	번호	이름	사회	국어	미술	영어	수학	컴퓨터	총점	평균
	1	정해인	98	63	67	96	32	77	335	
	2	박준형	66	45	76	73	56	53	303	
	3	손나은	69	80	76	90	85	51		
	4	이희경	100	64	62	30	43	79	278	
	5	이재경	87	57	87	56	99	50	349	
	6	김창환	60	50	61	96	56	90	353	
	7	배수지	68	46	74	78	69	64	331	
	8	유인나	77	100	92	47	36	92	367	
	9	이지은	76	99	96	64	31	88	378	
	10	김경호	65	99	69	43	99	84	394	

■ 수식의 범위 안에서 삽입/삭제를 하면 자동으로 계산해 주지만 범위 밖으로 삽입 삭제를 할 경우에는 계산 대상에서 제외됩니다.

05 사회 과목도 총점에 포함하기 위해서는 총점의 수식을 **=sum(D5:I5)**로 수정한 후 자동 채우기를 이용하여 작업해 주어야 합니다.

번호	이름	사회	국어	미술	영어	수학	컴퓨터	총점	평균
1	정해인	98	63	74	96	32		440	
2	박준형	66	45	87	73	56	53	380	
3	손나은	69	80	88	90	85	51	463	
4	이희경	100	64	73	30	43	79	389	
5	이재경	87	57	83	56	99	50	432	
6	김창환	60	50	73	96	56	90	425	
7	배수지	68	46	90	78	69	64	415	
8	유인나	77	100	100	47	36	92	452	
9	이지은	76	99	60	64	31	88	418	
10	김경호	65	99	87	43	99	84	477	

J5 ▼ fx =SUM(D5:I5)

=sum(d5:i5)

■ 알고 넘어가기

계산을 한 후 수식이 어떻게 설정해서 결과가 구해 졌는지 계산식을 보기 위해 키보드의 Ctrl + ~ 를 눌러서 확인할 수 있으며 수식과 결과값이 교차하면서 보여주게 됩니다.

번호	이름	사회	국어	미술	영어	수학	컴퓨터	총점	평균
1	정해인	98	63	68	96	32	77	=SUM(D5:I5)	
2	박준형	66	45	92	73	56	53	=SUM(D6:I6)	
3	손나은	69	80	75	90	85	51	=SUM(D7:I7)	
4	이희경	100	64	81	30	43	79	=SUM(D8:I8)	
5	이재경	87	57	79	56	99	50	=SUM(D9:I9)	
6	김창환	60	50	77	96	56	90	=SUM(D10:I10)	
7	배수지	68	46	95	78	69	64	=SUM(D11:I11)	
8	유인나	77	100	98	47	36	92	=SUM(D12:I12)	
9	이지은	76	99	100	64	31	88	=SUM(D13:I13)	
10	김경호	65	99	67	43	99	84	=SUM(D14:I14)	
최대값									
최소값									

~ 표시를 tilde(틸드)라고 읽고 우리말로 표현하면 물결표 또는 파형대시라고 합니다.

🖱 과목 삭제하기

01 D열 버튼에 마우스 왼쪽 버튼을 클릭해서 D열을 선택합니다.

	A	B	C	D ↓	E	F	G	H	I	J
1										
2										
3										
4		번호	이름	사회	국어	미술	영어	수학	컴퓨터	총점
5		1	정해인	98	63	68	96	32	77	434
6		2	박준형	66	45	92	73	56	53	385
7		3	손나은	69	80	75	90	85	51	450
8		4	이희경	100	64	81	30	43	79	397
9		5	이재경	87	57	79	56	99	50	428

02 키보드 왼쪽 아래에 Ctrl 키를 누르고 있는 상태에서 F열 버튼을 클릭합니다.

	A	B	C	D	E	F↓	G	H	I
1									
2									
3									
4		번호	이름	사회	국어	미술	영어	수학	컴퓨터
5		1	정해인	98	63	68	96	32	77
6		2	박준형	66	45	92	73	56	53
7		3	손나은	69	80	75	90	85	51
8		4	이희경	100	64	81	30	43	79

Ctrl을 누른 상태에서 클릭

03 선택된 D 또는 F열 버튼에 마우스 오른쪽 단추를 클릭해서 **[삭제]**를 클릭합니다.

	A	B	C	D	E	F	G	H	I	J
1										
2										
3										
4		번호	이름	사회	국어	미술			컴퓨터	총점
5		1	정해인	98	63	68			77	434
6		2	박준형	66	45	92			53	385
7		3	손나은	69	80	75			51	450
8		4	이희경	100	64	81			79	397
9		5	이재경	87	57	79			50	428
10		6	김창환	60	50	77			90	429

- ✂ 잘라내기(T)
- 📋 복사(C)
- 📋 붙여넣기 옵션:
  - 📋
- 선택하여 붙여넣기(S)...
- 삽입(I)
- 삭제(D)
- 내용 지우기(N)
- 📋 셀 서식(F)...
- 열 너비(C)...
- 숨기기(H)
- 숨기기 취소(U)

04 삭제를 하게 되면 옆 칸의 셀이 당겨져 오기 때문에 삭제가 안된 것으로 착각할 수 있지만 자세히 확인해 보면 과목이 없어진 것을 알 수 있습니다.

번호	이름	국어	영어	수학	컴퓨터	총점	평균
1	정해인	63	96	32	77	268	
2	박준형	45	73	56	53	227	
3	손나은	80	90	85	51	306	
4	이희경	64	30	43	79	216	
5	이재경	57	56	99	50	262	
6	김창환	50	96	56	90	292	
7	배수지	46	78	69	64	257	
8	유인나	100	47	36	92	275	
9	이지은	99	64	31	88	282	
10	김경호	99	43	99	84	325	

05 Ctrl + Z 를 눌러서 되돌리기를 하면 삭제되었던 열번호가 다시 보이게 됩니다. 다시 사회와 미술과목을 삭제해 보도록 합니다.

번호	이름	사회	국어	미술	영어	수학	컴퓨터	총점	평균
1	정해인	98	63	68	96	32	77	434	
2	박준형	66	45	92	73	56	53	385	
3	손나은	69	80	75	90	85	51	450	
4	이희경	100	64	81	30	43	79	397	
5	이재경	87	57	79	56	99	50	428	
6	김창환	60	50	77	96	56	90	429	
7	배수지	68	46	95	78	69	64	420	
8	유인나	77	100	98	47	36	92	450	
9	이지은	76	99	100	64	31	88	458	

🖱 평균 구하기

01 첫 번째 사람의 평균을 구하기 위해 I5셀을 클릭한 후 "=AVERAGE(D5:G5)"를 입력한 후 Ctrl + Enter 를 누릅니다.

번호	이름	국어	영어	수학	컴퓨터	총점	평균
1	정해인	63	96	32	77		=AVERAGE(D5:G5)
2	박준형	45	73	56	53	227	
3	손나은	80	90	85	51	306	
4	이희경	64	30	43	79	216	
5	이재경	57	56	99	50	262	
6	김창환	50	96	56	90	292	
7	배수지	46	78	69	64	257	
8	유인나	100	47	36	92	275	

02 I5셀에 함수로 평균이 구해지면 자동 채우기 핸들을 I14셀까지 드래그해서 함수식을 채워줍니다.

번호	이름	국어	영어	수학	컴퓨터	총점	평균
1	정해인	63	96	32	77	268	67.00
2	박준형	45	73	56	53	227	
3	손나은	80	90	85	51	306	
4	이희경	64	30	43	79	216	
5	이재경	57	56	99	50	262	
6	김창환	50	96	56	90	292	
7	배수지	46	78	69	64	257	
8	유인나	100	47	36	92	275	
9	이지은	99	64	31	88	282	
10	김경호	99	43	99	84	325	
최대값							

03 평균을 채우면 소수점 자리수의 길이가 서로 달라서 [**자리수 늘임**]으로 소수점이하
둘째자리까지 표시되게 합니다.

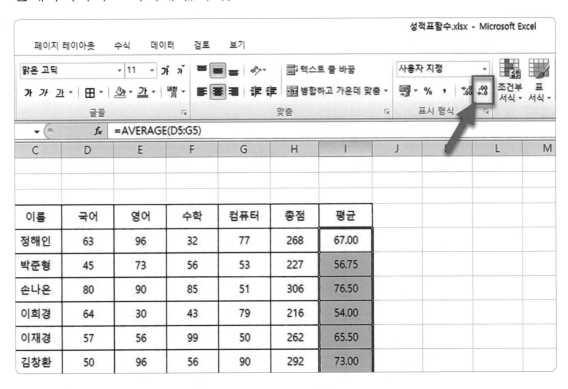

04 아래와 같은 결과를 볼 수 있습니다.

번호	이름	국어	영어	수학	컴퓨터	총점	평균
1	정해인	63	96	32	77	268	67.00
2	박준형	45	73	56	53	227	56.75
3	손나은	80	90	85	51	306	76.50
4	이희경	64	30	43	79	216	54.00
5	이재경	57	56	99	50	262	65.50
6	김창환	50	96	56	90	292	73.00
7	배수지	46	78	69	64	257	64.25
8	유인나	100	47	36	92	275	68.75
9	이지온	99	64	31	88	282	70.50
10	김경호	99	43	99	84	325	81.25
최대값							
최소값							

🖱 최대값/최소값 구하기

01 D15셀에 국어점수에서 가장 큰값은 무엇인지 찾아서 표시하는 함수가 max( )입니다. 아래와 같이 "**=MAX(D5:D14)**"를 입력한 후 Enter 를 누릅니다.

6	2	박준형	45	73	56	53	227	56.75
7	3	손나온	80	90	85	51	306	76.50
8	4	이희경	64	30	43	79	216	54.00
9	5	이재경	57	56	99	50	262	65.50
10	6	김창환	50	96	56	90	292	73.00
11	7	배수지	46	78	69	64	257	64.25
12	8	유인나	100	47	36	92	275	68.75
13	9	이지온	99	64	31	88	282	70.50
14	10	김경호	99	43	99	84	325	81.25
15	최ㄷ		=MAX(D5:D14)					
16	최소값							

02 D16셀에 국어점수에서 가장 점수가 낮은 것을 찾아서 표시하도록 "**=MIN(D5:D14)**"를 입력한 후 Enter 를 누릅니다.

	번호	이름	국어	영어	수학	컴퓨터	총점	평균
4								
5	1	정해인	63	96	32	77	268	67.00
6	2	박준형	45	73	56	53	227	56.75
7	3	손나온	80	90	85	51	306	76.50
8	4	이희경	64	30	43	79	216	54.00
9	5	이재경	57	56	99	50	262	65.50
10	6	김창환	50	96	56	90	292	73.00
11	7	배수지	46	78	69	64	257	64.25
12	8	유인나	100	47	36	92	275	68.75
13	9	이지온	99	64	31	88	282	70.50
14	10	김경호	99	43	99	84	325	81.25
15	최대값		100					
16	최ㅅ		=MIN(D5:D14)					

03 [D15:D16]셀을 범위지정한 후 자동 채우기 핸들을 **[I15:I16]셀**까지 드래그를 합니다.

번호	이름	국어	영어	수학	컴퓨터	총점	평균
1	정해인	63	96	32	77	268	67.00
2	박준형	45	73	56	53	227	56.75
3	손나은	80	90	85	51	306	76.50
4	이희경	64	30	43	79	216	54.00
5	이재경	57	56	99	50	262	65.50
6	김창환	50	96	56	90	292	73.00
7	배수지	46	78	69	64	257	64.25
8	유인나	100	47	36	92	275	68.75
9	이지은	99	64	31	88	282	70.50
10	김경호	99	43	99	84	325	81.25
최대값		100					
최소값		45					

04 최대값과 최소값이 모두 구해졌습니다. 지금까지 작업한 문서를 원하는 곳에 저장을 합니다.

번호	이름	국어	영어	수학	컴퓨터	총점	평균
1	정해인	63	96	32	77	268	67.00
2	박준형	45	73	56	53	227	56.75
3	손나은	80	90	85	51	306	76.50
4	이희경	64	30	43	79	216	54.00
5	이재경	57	56	99	50	262	65.50
6	김창환	50	96	56	90	292	73.00
7	배수지	46	78	69	64	257	64.25
8	유인나	100	47	36	92	275	68.75
9	이지은	99	64	31	88	282	70.50
10	김경호	99	43	99	84	325	81.25
최대값		100	96	99	92	325	81.25
최소값		45	30	31	50	216	54

함수명(인수1,인수2,...,인수N)

어떤 작업을 하기 위해서 도구와 재료가 필요합니다. 이 도구에 해당하는 것을 **함수**(기능)이라고 하며 도구를 사용하기 위해 필요한 재료는 **인수**라고 하며 재료가 전혀 필요 없는 도구(함수)도 있고 1개가 필요한 도구, 2개가 필요하거나, 3개가 필요한 것들도 있습니다.

🖱 함수를 보는 방법

=sum(

SUM(**number1**, [number2], ...)

=SUM(를 입력하면 셀 아래쪽에 Tip(설명)이 붙어 나오는데 그것을 보면서 작업하면 함수를 쉽게 사용할 수가 있습니다. **진하게 강조**한 것이 지금 처리해야 할 인수를 말하며 [numbers2]로 대괄호로 표시되는 것은 생략을 해도 된다는 것입니다.

🖱 인수의 종류

01 함수의 사용방법을 자세히 알고 싶으면 **함수마법사**를 이용하는 것이 편리합니다. **수식 – 함수삽입**을 차례대로 클릭합니다.

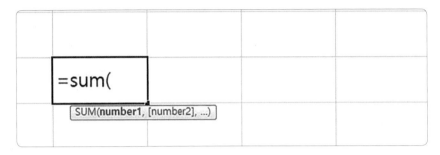

02 범주 선택을 하려면 드롭다운 버튼을 클릭합니다.

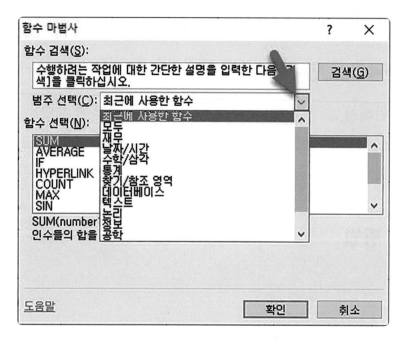

03 범주에서 통계를 선택한 후 COUNTIF를 클릭한 후 **확인**을 클릭합니다.

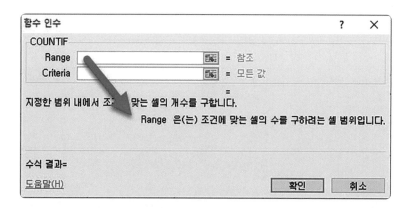

04 함수명 그룹 안에 인수가 보입니다. 첫 번째 인수에 클릭하면 화살표에 표시한 것처럼 설명이 나타납니다.

05 두 번째 인수에도 클릭한 후 무엇을 하라는 것인지 인수의 설명이 나타납니다.

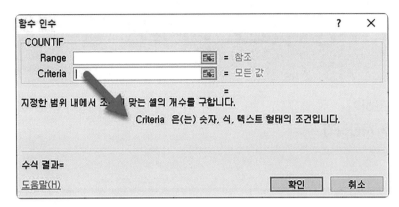

06 그래도 도대체 무엇을 해야 하는 것인지 모르겠다면 **[도움말]**을 눌러서 사용방법을
살펴보세요. 다양한 사용예가 나타납니다.

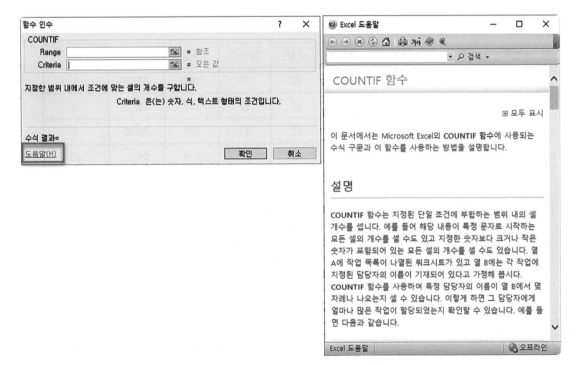

1. 함수에서 참조하기
2. 행/열 동시 참조 이해하기
3. 이름 정의 후 계산하기

미리보기

	B	C	D	E	F	G	H	I	J
3									
4	번호	이름	국어	영어	수학	컴퓨터	총점	평균	석차
5	1	정해인	63	96	32	77	268	67.00	6
6	2	박준형	45	73	56	53	227	56.75	9
7	3	손나은	80	90	85	51	306	76.50	2
8	4	이희경	64	30	43	79	216	54.00	10
9	5	이재경	57	56	99	50	262	65.50	7
10	6	김창환	50	96	56	90	292	73.00	3
11	7	배수지	46	78	69	64	257	64.25	8
12	8	유인나	100	47	36	92	275	68.75	5
13	9	이지은	99	64	31	88	282	70.50	4
14	10	김경호	99	43	99	84	325	81.25	1
15	최대값		100	96	99	92	325	81.25	
16	최소값		45	30	31	50	216	54	
17									
18									

이런 것을 배워요

❶ 상대참조, 혼합참조, 절대참조에 대해 공부합니다.

❷ 이름을 정의해서 사용하는 장점을 이해합니다.

❸ 누적방법과 석차를 구할 수 있습니다.

상대참조	A1, B4와 같이 열 구분자와 행 구분자로 만들어진 가장 일반적인 셀 주소형식으로 지금까지 사용한 셀참조입니다.
절대참조	절대로 변하지 않는 셀 주소 ex) \$A\$1, \$B\$4 (\$문자가 붙은 셀 주소는 채우기 핸들을 잡고 드래그해도 변하지 않는데 이런 주소 형식은 모든 셀에서 참조해야 하는 특정 셀 주소를 입력할 때 주로 사용합니다.)
혼합참조	상대참조와 절대참조를 혼합한 셀 주소 ex)\$A1, B\$4 (행구분자나 열 구분자 중 하나만 앞에 \$문자가 붙은 형식, 채우기 핸들을 드래그할 경우 \$가 붙은 부분만 변하지 않습니다.)

절대주소나 혼합주소를 입력할 때는 F4 키를 사용하면 편리합니다. 예를 들어, 셀이 =D4를 입력하고 F4 키를 계속 누른다고 했을 때 =D4→ \$D\$4→D\$4→\$D4 이런 순으로 변하게 된다.

아래의 내용을 직접 입력해서 표를 만들어 줍니다. 날짜는 2020-03-01과 같이 입력한 후 셀 서식의 표시형식을 이용해서 작업합니다. 테두리는 모든 테두리를 적용하고 문자데이터는 가운데 맞춤을 적용하고 판매금액은 천단위마다 콤마를 적용해줍니다.

	성명	국어	영어	수학	총점		날짜	품목	수량	판매금액	누적합계
	이은성	90	82	94			03. 01	양배추	3	7,500	
	김태연	55	84	96			03. 02	고구마	4	4,800	
	임수향	69	88	52			03. 03	감자	5	4,250	
	박선우	69	91	70			03. 04	당근	2	1,480	
	최희수	72	86	91			03. 05	오이	6	6,120	
	정민형	70	80	60			03. 06	브로컬리	3	10,200	
	조성윤	72	86	70			03. 07	키위	7	17,500	

🖱 절대참조/상대참조/혼합참조

01 좌측의 성적표에 총점을 구하려면 [F3]셀에 **=SUM(C3:E3)**이라고 입력한 후 자동 채우기를 하면 아래와 같이 수식이 입력됩니다.

	A	B	C	D	E	F	G
					fx	=SUM(C3:E3)	
1							
2		성명	국어	영어	수학	총점	
3		이은성	90	82	94	266	
4		김태연	55	84	96	235	
5		임수향	69	88	52	209	
6		박선우	69	91	70	230	
7		최희수	72	86	91	249	
8		정민형	70	80	60	210	
9		조성윤	72	86	70	228	
10							

02 [B1]셀에 **"기본점수"**를 입력한 후 [C1]셀에 **"50"**을 입력합니다.

	A	B	C	D	E	F
			C1		fx	50
1		기본점수	50			
2		성명	국어	영어	수학	총점
3		이은성	90	82	94	266

03 다시 계산할 때는 F3셀에서 **=SUM(C3:E3)+C1**처럼 기본점수를 더해줍니다. 이때 과연 이런 수식으로 계산하면 답이 맞을까요? 모든 학생에게 [C1]의 기본점수를 더해줘야 하므로 이 주소는 절대 변경되면 안 됩니다. **$**를 **=SUM(C3:E3)+C$1**과 같이 붙여준 후 채우기를 합니다.

	A	B	C	D	E	F	G
		F3			fx	=SUM(C3:E3)+C$1	
1		기본점수	50				
2		성명	국어	영어	수학	총점	
3		이은성	90	82	94	316	
4		김태연	55	84	96	285	
5		임수향	69	88	52	259	
6		박선우	69	91	70	280	

판매누적 참조하기

01 오른쪽의 판매누적을 위해서는 수식을 **=SUM(K3:K3)**이라고 입력하면 됩니다. 하지만 누적이란 것은 첫 날부터 현재의 날짜까지 더해주는 것이므로 두 번째 날에는 **=SUM(K3:K4)**이런 식으로 입력되어야 합니다.

	=SUM(K3:K3)									
	E	F	G	H	I	J	K	L		M
	수학	총점		날짜	품목	수량	판매금액	누적합계		
2	94	316		03. 01	양배추	3	7,500	=SUM(K3:K3)		
4	96	285		03. 02	고구마	4	4,800			
3	52	259		03. 03	감자	5	4,250			
1	70	280		03. 04	당근	2	1,480			
5	91	299		03. 05	오이	6	6,120			
0	60	260		03. 06	브로컬리	3	10,200			
5	70	278		03. 07	키위	7	17,500			

02 =SUM(K3:K3)에서 뒤에 있는 K3, K4, K5, K6, K7, K8, K9까지 상대적으로 변해야 하는 것은 맞지만 앞에 있는 K3은 항상 K3이어야만 합니다. **=SUM(K$3:K3)**으로 수정한 후 자동 채우기를 합니다.

	=SUM(K$3:K3)			맞춤			표시 형식			
	E	F	G	H	I	J	K	L		M
	수학	총점		날짜	품목	수량	판매금액	누적합계		
	94	316		03. 01	양배추	3	7,500	7,500		
	96	285		03. 02	고구마	4	4,800	12,300		
	52	259		03. 03	감자	5	4,250	16,550		
	70	280		03. 04	당근	2	1,480	18,030		
	91	299		03. 05	오이	6	6,120	24,150		
	60	260		03. 06	브로컬리	3	10,200	34,350		
	70	278		03. 07	키위	7	17,500	51,850		

🖱 누적 연습하기

01 아래의 내용을 입력한 후 [F3]셀에 **SUM( )**함수를 이용하여 금액을 누적시킵니다. 공식은 **=SUM(E$3:E3)**을 입력한 후 채우기 핸들을 드래그해서 채우기 한 후 **E6셀**에 총금액을 구해줍니다.

	품목	단가	수량	금액	누적금액	점유율
	갤럭시S10	980,000	45	44,100,000		
	갤럭시노트10+	1,350,000	30	40,500,000		
	LG V50	680,000	27	18,360,000		
	합계					

02 왜? =SUM(E$3:E3)에서 앞의 3에 $를 붙였을까요? Ctrl + ~ 을 눌러서 수식으로 전환해 본 후 원래대로 Ctrl + ~ 를 눌러서 되돌립니다.

	품목	단가	수량	금액	누적금액	점유율
	갤럭시S10	980000	45	=C3*D3	=SUM(E$3:E3)	
	갤럭시노트10+	1350000	30	=C4*D4	=SUM(E$3:E4)	
	LG V50	680000	27	=C5*D5	=SUM(E$3:E5)	
	합계			=SUM(E3:E5)		

03 G3:G5셀에 점유율을 구하려면 E3의 금액이 총금액에서 얼마의 비율을 차지하는지 구하기 위해 **=E3/$E$6**을 입력한 후 채우기를 합니다.

	품목	단가	수량	금액	누적금액	점유율
	갤럭시S10	980,000	45	44,100,000	44,100,000	=E3/$E$6
	갤럭시노트10+	1,350,000	30	40,500,000	84,600,000	
	LG V50	680,000	27	18,360,000	102,960,000	
	합계			102,960,000		

🖱 구구단 표 만들기

01 아래와 같이 구구단에 어울리도록 셀에 숫자와 서식을 적용해서 입력을 합니다.

02 [C3]셀에 **=C2*B3**을 입력한 후 Ctrl + Enter 를 눌러서 C11셀까지 채우기를 해 줍니다.

03 왜 숫자가 이렇게 증가하게 되었을까요? **C3셀**에서 수식을 **=C$2*B3**으로 수정한 후 자동 채우기를 해줍니다.

	A	B	C	D	E	F	G	H	I	J	K
			C3		fx	=C$2*B3					
1											
2			2	3	4	5	6	7	8	9	
3		1	2								
4		2	4								
5		3	6								
6		4	8								
7		5	10								
8		6	12								
9		7	14								
10		8	16								
11		9	18								
12											

04 C3셀을 J3셀까지 채우기 핸들을 드래그해서 채우기를 해 봅니다.

	A	B	C	D	E	F	G	H	I	J	K
			C3		fx	=C$2*B3					
1											
2			2	3	4	5	6	7	8	9	
3		1	2	6	24	120	720	5040	40320	362880	
4		2	4								
5		3	6								
6		4	8								
7		5	10								
8		6	12								
9		7	14								
10		8	16								
11		9	18								
12											

05 C3셀을 오른쪽으로 채우기를 하게 되면 B3, C3, D3,...,I3으로 변경이 됩니다. B3 을 $B3으로 고정해야 합니다. **C3셀**의 수식을 **=C$2*$B3**으로 수정한 후 채우기 포 인트를 드래그 해 봅니다.

C3 f_x =C$2*$B3

▲	A	B	C	D	E	F	G	H	I	J	K
1											
2			2	3	4	5	6	7	8	9	
3		1	2	3	4	5	6	7	8	9	
4		2	4								
5		3	6								
6		4	8								
7		5	10								
8		6	12								
9		7	14								
10		8	16								
11		9	18								

06 이제 C3:J3까지 범위가 지정된 상태에서 C11:J11까지 채우기를 해주면 아래와 같은 결과를 얻을 수 있습니다.

J11 f_x =J$2*$B11

▲	A	B	C	D	E	F	G	H	I	J	K
1											
2			2	3	4	5	6	7	8	9	
3		1	2	3	4	5	6	7	8	9	
4		2	4	6	8	10	12	14	16	18	
5		3	6	9	12	15	18	21	24	27	
6		4	8	12	16	20	24	28	32	36	
7		5	10	15	20	25	30	35	40	45	
8		6	12	18	24	30	36	42	48	54	
9		7	14	21	28	35	42	49	56	63	
10		8	16	24	32	40	48	56	64	72	
11		9	18	27	36	45	54	63	72	81	
12											
13											

가로방향으로 드래그할 때는 열번호앞에 $가 붙어야하는지 붙으면 안되는지, 세로방향으로 드래그할 때는 숫자앞에 $가 붙어야하는지 붙으면 안되는지 파악해야 합니다. 이렇게 엑셀은 셀좌표 앞에 $가 중요한 역할을 합니다.

🖱 RANK( )로 순위 구하기

01 앞에서 작업했던 "성적표함수.xlsx"를 불러온 후 **J4셀**에 "석차"를 입력합니다.

번호	이름	국어	영어	수학	컴퓨터	총점	평균	석차
1	정해인	63	96	32	77	268	67.00	
2	박준형	45	73	56	53	227	56.75	
3	손나온	80	90	85	51	306	76.50	
4	이희경	64	30	43	79	216	54.00	
5	이재경	57	56	99	50	262	65.50	
6	김창환	50	96	56	90	292	73.00	
7	배수지	46	78	69	64	257	64.25	
8	유인나	100	47	36	92	275	68.75	
9	이지은	99	64	31	88	282	70.50	

02 J5셀에 총점기준으로 높은 점수가 1등으로 순위를 정하고자합니다.
"**=RANK(H5,H5:H14)**"를 입력하면 1번의 순위는 구해집니다. 하지만 채우기를 하면 아래와 같이 논리적인 오류가 발생하게 됩니다. ①이 6등인데 ②점수가 더 낮은데 6등이고 심지어 ③은 5등이 되어있습니다.

번호	이름	국어	영어	수학	컴퓨터	총점	평균	석차
1	정해인	63	96	32	77	268	67.00	6
2	박준형	45	73	56	53	227	56.75	9
3	손나온	80	90	85	51	306	76.50	3
4	이희경	64	30	43	79	216	54.00	8
5	이재경	57	56	99			65.50	6
6	김창환	50	96	56	90	292	73.00	3
7	배수지	46	78	69		257	64.25	5
8	유인나	100	47	36	92	275	68.75	4
9	이지은	99	64	31	88	282	70.50	3
10	김경호	99	43	99	84	325	81.25	1
최대값		100	96	99	92	325	81.25	
최소값		45	30	31	50	216	54	

03 RANK( )함수에서 비교하는 범위는 처음부터 마지막 사람까지 변하면 안되는데 상대참조를 사용했기 때문에 이런 일이 발생합니다.

J5셀의 수식을 "**=RANK(H5,$H$5:$H$14)**"로 변경해서 채우기를 하면 범위는 변하지 않게 됩니다.

	J5		f_x	=RANK(H5,$H$5:$H$14)					

	A	B	C	D	E	F	G	H	I	J	K
3											
4		번호	이름	국어	영어	수학	컴퓨터	총점	평균	석차	
5		1	정해인	63	96	32	77	268	67.00	6	
6		2	박준형	45	73	56	53	227	56.75	9	
7		3	손나은	80	90	85	51	306	76.50	2	
8		4	이희경	64	30	43	79	216	54.00	10	
9		5	이재경	57	56	99	50	262	65.50	7	
10		6	김창환	50	96	56	90	292	73.00	3	
11		7	배수지	46	78	69	64	257	64.25	8	
12		8	유인나	100	47	36	92	275	68.75	5	
13		9	이지은	99	64	31	88	282	70.50	4	
14		10	김경호	99	43	99	84	325	81.25	1	
15		최대값		100	96	99	92	325	81.25		

04 **Ctrl** + **~** 를 눌러 셀 수식이 표현되게 하면 아래와 같이 주소참조의 상황을 확인합니다.

G	H	I	J
컴퓨터	총점	평균	석차
77	=SUM(D5:G5)	=AVERAGE(D5:G5)	=RANK(H5,$H$5:$H$14)
53	=SUM(D6:G6)	=AVERAGE(D6:G6)	=RANK(H6,$H$5:$H$14)
51	=SUM(D7:G7)	=AVERAGE(D7:G7)	=RANK(H7,$H$5:$H$14)
79	=SUM(D8:G8)	=AVERAGE(D8:G8)	=RANK(H8,$H$5:$H$14)
50	=SUM(D9:G9)	=AVERAGE(D9:G9)	=RANK(H9,$H$5:$H$14)
90	=SUM(D10:G10)	=AVERAGE(D10:G10)	=RANK(H10,$H$5:$H$14)
64	=SUM(D11:G11)	=AVERAGE(D11:G11)	=RANK(H11,$H$5:$H$14)
92	=SUM(D12:G12)	=AVERAGE(D12:G12)	=RANK(H12,$H$5:$H$14)
88	=SUM(D13:G13)	=AVERAGE(D13:G13)	=RANK(H13,$H$5:$H$14)
84	=SUM(D14:G14)	=AVERAGE(D14:G14)	=RANK(H14,$H$5:$H$14)

05 **Ctrl** + **~** 를 다시 눌러서 셀에 값으로 보이도록 되돌려줍니다.

🖱 순위 구하기

01 석차를 구한 [J5:J14] 범위의 내용을 Delete 를 눌러서 내용을 지운 후 총점에 해당하는 [H5:H14]를 범위지정한 후 이름상자에 "**총점**"이라고 입력합니다.

	총점	▼	fx	=SUM(D5:G5)				
	B	C	D	E	F	G	H	I	J
3									
4	번호		국어	영어	수학	컴퓨터	총점	평균	석차
5	1	정해인	63	96	32	77	268	67.00	
6	2	박준형	45	73	56	53	227	56.75	
7	3	손나온	80	90	85	51	306	76.50	
8	4	이희경	64	30	43	79	216	54.00	
9	5	이재경	57	56	99	50		65.50	
10	6	김창환	50	96	56	90	292	73.00	
11	7	배수지	46	78	69	64	257	64.25	
12	8	유인나	100	47	36	92	275	68.75	
13	9	이지은	99	64	31	88	282	70.50	
14	10	김경호	99	43	99	84	325	81.25	

02 [D5:G14]까지 범위지정한 다음 **수식** 탭을 클릭한 후 정의된 이름 그룹에서 **선택 영역에서 만들기**를 클릭합니다.

파일	홈	삽입	페이지 레이아웃	수식	검토	보기

함수 삽입 / 자동 합계 / 최근에 사용한 함수 / 재무 / 논리 / 텍스트 / 날짜 및 시간 / 찾기/참조 영역 / 수학/삼각 / 함수 추가 / 이름 관리자 / 이름 정의 / 수식에서 사용 / 선택 영역에서 만들기
함수 라이브러리 / 정의된 이름

	D4	▼	fx	국어				
	B	C	D	E	F	G	H	I	J
3									
4	번호	이름	국어	영어	수학	컴퓨터	총점	평균	석차
5	1	정해인	63	96	32	77	268	67.00	
6	2	박준형	45	73	56	53	227	56.75	
7	3	손나온	80	90	85	51	306	76.50	
8	4	이희경	64	30	43	79	216	54.00	
9	5	이재경	57	56	99	50	262	65.50	
10	6	김창환	50	96	56	90	292	73.00	
11	7	배수지	46	78	69	64	257	64.25	
12	8	유인나	100	47	36	92	275	68.75	

03 대화상자가 나오면 **첫 행**만 선택한 후 확인을 클릭합니다. 이렇게 하게 되면 항목에 있는 이름으로 정의가 끝납니다.

04 이름상자의 드롭다운버튼을 클릭하면 지금까지 이름정의한 목록이 나타납니다.

05 석차를 구하기 위해 J5셀에 클릭을 한 후 "=RANK(H5,총점)"이라고 입력한 후 Ctrl + Enter 를 누른 후 자동 채우기를 합니다.

번호	이름	국어	영어	수학	컴퓨터	총점	평균	석차	
1	정해인	63	96	32	77	268	67.00	=RANK(H5,총점)	
2	박준형	45	73	56	53	227	56.75		
3	손나온	80	90	85	51	306	76.50		
4	이희경	64	30	43	79	216	54.00		
5	이재경	57	56	99	50	262	65.50		
6	김창환	50	96	56	90	292	73.00		

1. 차트 만들기   2. 차트 편집하기

미리보기

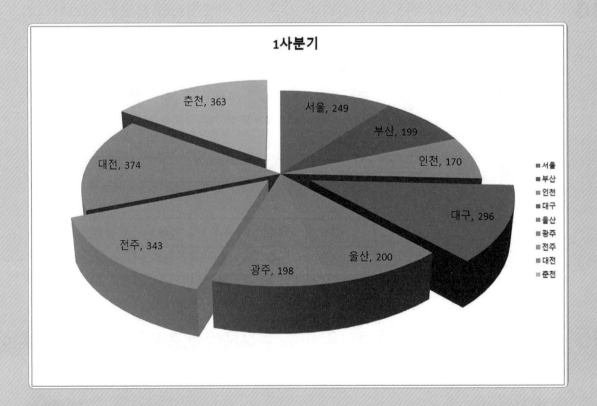

이런 것을 배워요

❶ 다양한 차트를 만들 수 있게 됩니다.

❷ 만들어진 차트를 변경할 수 있습니다.

❸ 차트를 원하는 대로 수정할 수 있습니다.

🖱 다양한 차트 살펴보기

01 아래의 내용을 입력한 후 계산과 셀에 서식을 적용해서 바탕화면에 "**판매왕.xlsx**"로
저장합니다.

	A	B	C	D	E	F	G
1							
2							
3							
4		지점	1사분기	2사분기	3사분기	4사분기	
5		서울	249	319	240	213	
6		부산	199	399	200	385	
7		인천	170	253	321	356	
8		대구	296	237	351	269	
9		울산	200	234	262	266	
10		광주	198	330	183	321	
11		전주	343	175	173	180	
12		대전	374	358	299	155	
13		춘천	363	152	278	390	
14		합계	2,392	2,457	2,307	2,535	
15							
16							

02 [B4:C13]까지 범위를 선택한 후 [**삽입**] 탭 – [차트] 그룹에서 [세로막대형]을 클릭한
다음 [**묶은 세로 막대형**]을 클릭합니다.

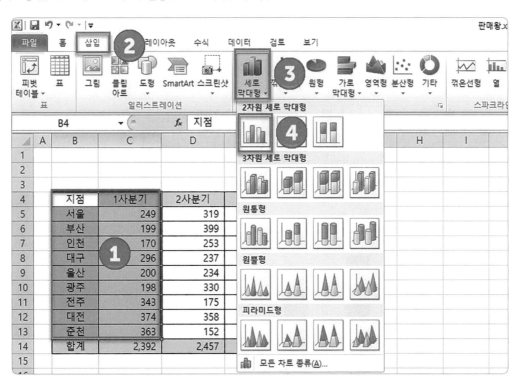

03 [디자인] 탭의 리본 메뉴가 펼쳐지면 오른쪽 끝에 있는 [**차트이동위치**]를 선택합니다. 만약 워크시트를 클릭해서 해당 메뉴가 나오지 않으면 **차트**를 선택한 후 **디자인** 탭을 클릭합니다.

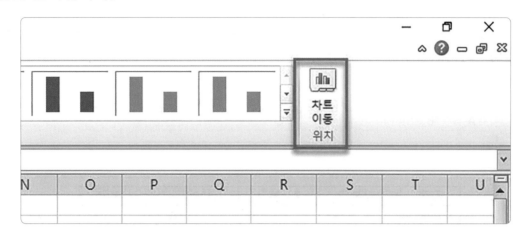

04 차트를 넣을 위치를 [**새 시트**]로 선택해서 [**확인**]을 클릭합니다.

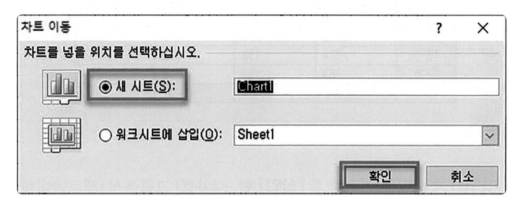

05 [차트스타일] 그룹에서 원하는 스타일을 하나 클릭해서 선택합니다.

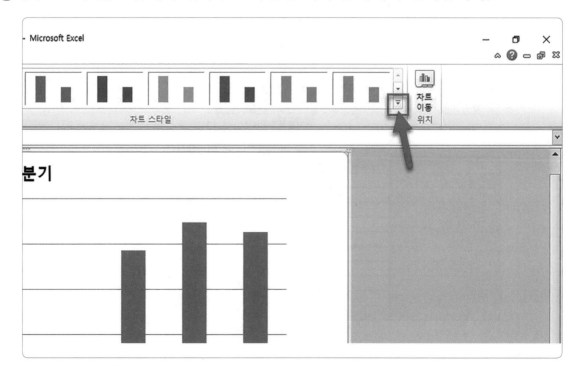

06 아래와 같이 Chart1시트에 차트스타일이 적용되어서 나타납니다.

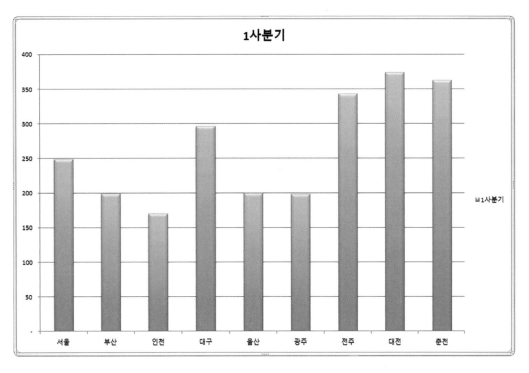

🖱 꺾은선형 차트

01 [B4:D13]을 범위지정한 후 **삽입** 탭에 있는 차트그룹의 **꺾은선형**을 클릭해서 **표식이 있는 꺾은선형**을 선택합니다.

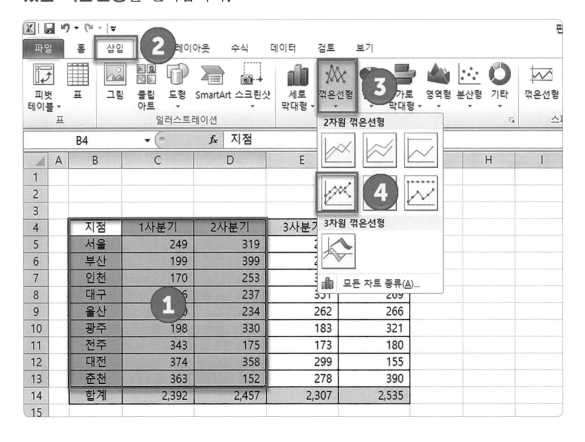

02 [디자인] 탭의 리본 메뉴가 펼쳐지면 오른쪽 끝에 있는 **[차트이동위치]**를 선택합니다.

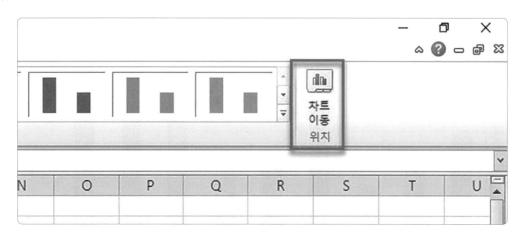

03 차트를 넣을 위치를 **[새 시트]**로 선택해서 **[확인]**을 클릭합니다.

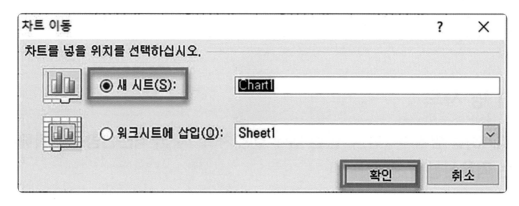

04 [차트스타일] 그룹에서 원하는 스타일을 선택합니다.

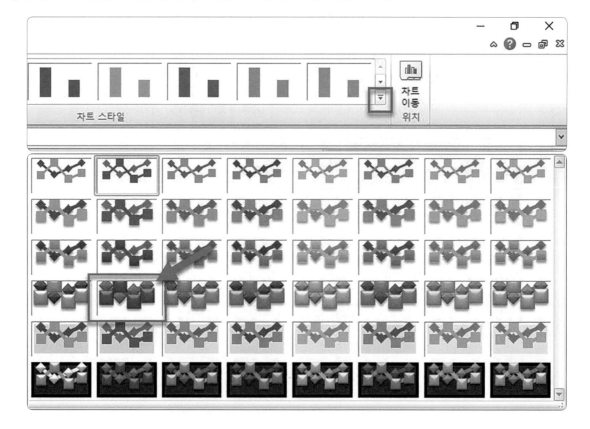

05 아래와 같이 Chart2시트에 차트스타일이 적용되어서 나타납니다.

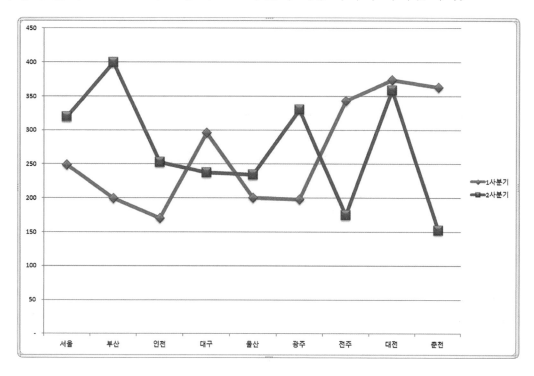

🖱 원형 차트

원형 차트를 사용하는 경우는 전체에서 어느 정도의 비율을 차지하고 있는 지 비교하기 위해서입니다. 자주 사용하는 차트이므로 데이터 값까지 표시하는 방법을 알아보겠습니다.

01 지점명과 1사분기를 범위로 지정한 후 [**삽입**] 탭의 [차트] 그룹에서 [**원형**] – [**3차원 쪼개진 원형**]을 선택합니다.

지점	1사분기	2사분기	3사분기	
서울	249	319	240	
부산	199	399	200	
인천	170	253	321	
대구	296	237	351	269
울산	200	234	262	266
광주	198	330	183	321
전주	343	175	173	180
대전	374	358	299	155
춘천	363	152	278	390
합계	2,392	2,457	2,307	2,535

02 [디자인] 탭의 리본 메뉴가 펼쳐지면 오른쪽 끝에 있는 **[차트이동위치]**를 선택합니다.

03 차트를 넣을 위치를 **[새 시트]**로 선택해서 **[확인]**을 클릭합니다.

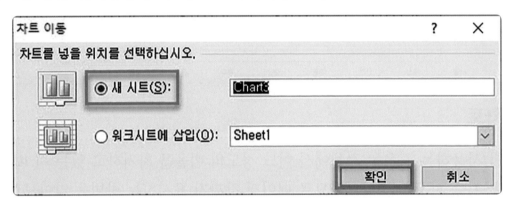

04 만들어진 원형 차트를 중심점으로 드래그해서 조각난 그래프를 모아줍니다. 원하는 지점을 선택한 후 드래그해서 따로 빼낼 수 있습니다.

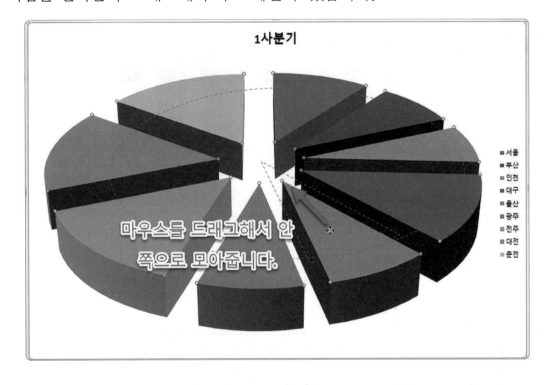

🖱 차트 레이아웃

01 [Chart1] 시트에 그려진 **세로막대형 차트**를 선택한 후 [차트 도구] 정황 탭 – [디자인] 탭 – [차트 레이아웃] 그룹에서 [자세히] 버튼을 클릭하여 **[레이아웃9]**를 선택합니다.

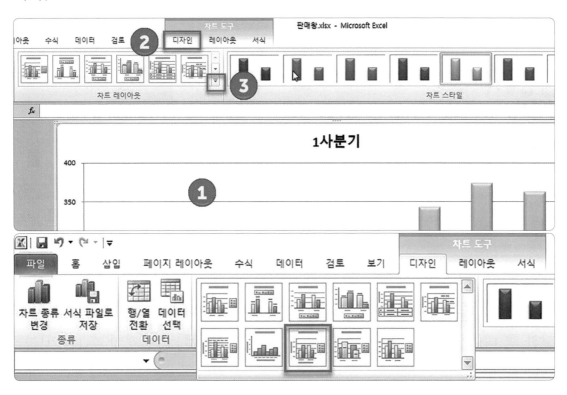

02 차트 제목 **[1사분기]**를 클릭한 후 마우스포인터가 I 가 되었을 때 드래그해서 블록을 지정한 후 **"분기별 판매현황"**을 입력한 후 Esc 를 누릅니다.

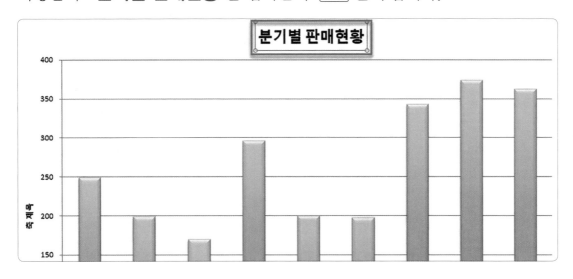

03 다른 레이아웃을 선택하기 위해 [차트 도구] 정황 탭 – [디자인] 탭 – [차트 레이아웃] 그룹에서 [자세히] 버튼을 클릭하여 **[레이아웃5]**를 선택합니다.

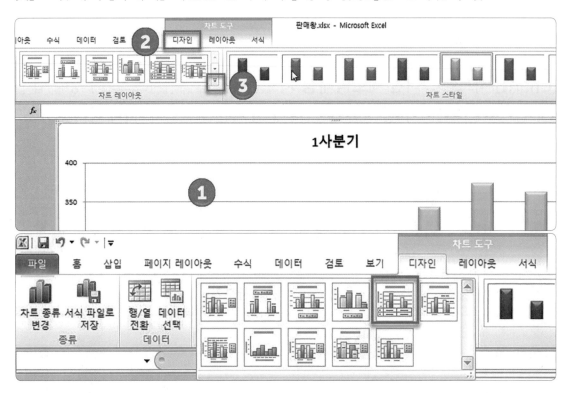

04 레이아웃의 형태를 확인했으면 다시 레이아웃9를 선택한 후 작업을 진행합니다. 세로축의 제목을 **"판매개수"**로 변경한 후 마우스 오른쪽을 눌러서 [축 제목 서식]을 선택한 후 대화상자에서 [맞춤] – [텍스트 방향]을 **[가로]**로 변경한 후 [닫기]를 클릭합니다.

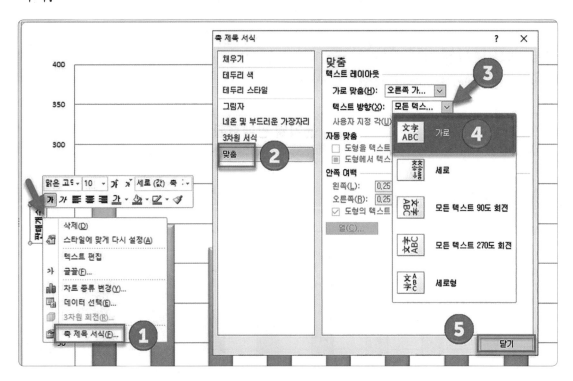

05 가로값 축 제목은 입력하지 않아도 대리점인 것을 확실하게 알 수 있으므로 선택한 후 Delete 를 눌러서 삭제한 후 오른쪽의 범례인 1사분기도 선택해서 삭제합니다.

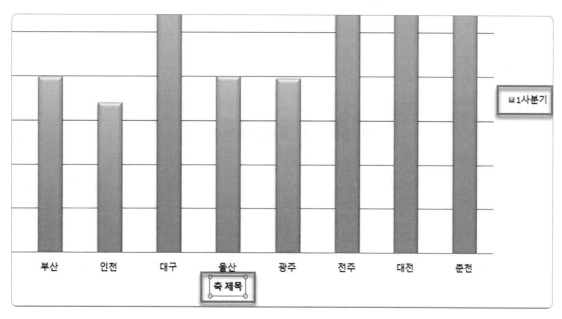

06 [인천]을 강조하기 위해서 **인천** 막대그래프를 **두 번 클릭(더블클릭이 아닙니다)**을 합니다. 클릭을 한 후 다시 클릭합니다.

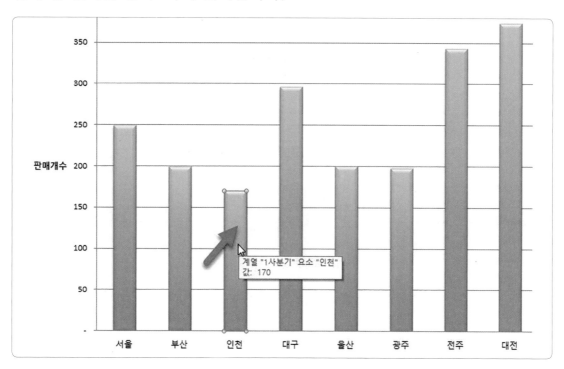

07 **차트 도구** 탭의 **서식**을 클릭한 후 도형스타일 그룹의 [도형 채우기]를 클릭한 후 **빨간색**을 클릭합니다.

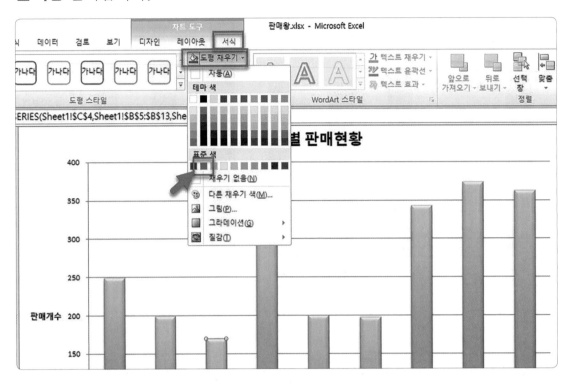

08 아래와 같이 강조하고 싶은 인천지역의 차트 색이 변경된 것을 확인할 수 있습니다.

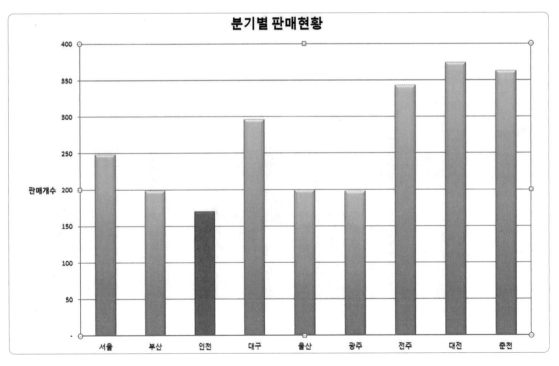

09 Chart2와 Chart3에 있는 차트들도 위에서 작업한 방법으로 차트에 서식을 정해 수정해 보세요.

CHAPTER 09 ▶ 데이터 시각화

1. 조건부 서식 지정하기   2. 규칙 변경 및 지우기

미리보기

A	B	C	D	E	F	G	H

전 일 대 비 업 종 별 시 세 표

업종명	전일대비	전일대비 등락현황				등락그래프
		전체	상승	보합	하락	
IT 반도체	0.58%	58	26	5	27	
기계/장비	0.48%	118	44	10	64	
IT 부품	0.37%	90	40	7	43	
소프트웨어	0.28%	56	24	6	26	
정보기기	0.22%	33	11	3	19	
디지털컨텐츠	0.17%	22	9	0	13	
유통	0.16%	112	39	12	61	
컴퓨터서비스	-0.20%	59	18	7	34	
비금속	-0.38%	41	13	8	20	
통신/장비	-0.44%	99	30	12	57	
종이 목재	-0.51%	41	12	6	23	
기타서비스	-0.55%	105	27	29	49	
운송/창고업	-0.56%	27	5	3	19	
일반전기전자	-0.58%	116	24	23	69	
의료정밀	-0.64%	25	9	0	16	
금융업	-0.69%	37	11	5	21	
운수장비	-0.71%	81	21	10	50	
음식료/담배	-0.78%	74	20	12	42	
철강금속	-0.79%	105	21	11	73	
화학	-0.81%	147	42	11	94	
보험업	-0.82%	14	3	3	8	
섬유,의류	-0.93%	68	22	6	40	
전기가스업	-1.46%	10	1	2	7	
은행	-1.55%	7	0	0	7	
의약품	-1.59%	72	11	4	57	
인터넷	-1.71%	13	2	0	11	
출판	-1.78%	18	4	1	13	
증권	-1.83%	31	2	1	28	

조건부서식1 / 강조규칙 / 상하위규칙 / 막대 / 색조 / 아이콘 / 수식 / 시세표

이런 것을 배워요

❶ 특정 조건에 해당된 셀이나 셀 범위가 강조됩니다.
❷ 특수한 값에 의해 데이터가 강조됩니다.
❸ 데이터 막대, 색조, 아이콘 집합 등으로 시각화됩니다.
❹ 원하는 결과를 시각화로 쉽게 확인하게 됩니다.

🖱 데이터 막대

01 예제 파일을 다운로드한 폴더에서 "**조건부서식.xlsx**" 파일을 불러옵니다.

02 **조건부서식1** 시트를 선택합니다.

03 H3셀에 **=SUM(D3:F3)**을 입력해서 총점을 구한 후 나머지 셀들로 총점을 구합니다.

번호	이름	워드	엑셀	포토샵	총점	총점
1	박찬종	82	79	67	228	228
2	김대중	80	90	77	247	247
3	이회창	99	73	80	252	252
4	김영삼	69	79	56	204	204
5	노태우	69	94	53	216	216
6	정주영	83	85	52	220	220
7	노무현	94	93	66	253	253
8	박근혜	91	83	64	238	238
9	안철수	80	74	78	232	232
10	문재인	64	62	83	209	209

04 **홈** 탭에서 **조건부서식**을 클릭하고 **데이터 막대**에 마우스를 올리면 오른쪽으로 나오는 **연한파랑 데이터막대**를 선택합니다.

05 다음과 같은 결과를 보듯이 셀에 서식이 막대그래프와 숫자가 표현되었습니다.

	A	B	C	D	E	F	G	H
1								
2		번호	이름	워드	엑셀	포토샵	총점	총점
3		1	박찬종	82	79	67	228	228
4		2	김대중	80	90	77	247	247
5		3	이회창	99	73	80	252	252
6		4	김영삼	69	79	56	204	204
7		5	노태우	69	94	53	216	216
8		6	정주영	83	85	52	220	220
9		7	노무현	94	93	66	253	253
10		8	박근혜	91	83	64	238	238
11		9	안철수	80	74	78	232	232
12		10	문재인	64	62	83	209	209

06 셀에 값은 표시가 안되도록 그래프만 표현되게 조건부서식을 만들 때도 있습니다. H3:H12를 범위로 지정한 후 복사를 한 후 I3셀에 붙여넣기를 해줍니다. =SUM(E3:G3)으로 셀에 적용된 함수의 범위가 상대적으로 변경된 것을 확인할 수 있습니다. 해결하려면 방법은 참조범위를 =SUM($D3:$F3)으로 수식을 변경한 후 **복사 – 붙여넣기**를 하면 되겠지만 여기서는 붙여넣기의 다른 방법을 배우기 위해 다음 순서를 따라 작업하도록 합니다. 붙여넣기를 하면 **붙여넣기 옵션** 버튼을 클릭합니다.

2	번호	이름	워드	엑셀	포토샵	총점	총점	
3	1	박찬종	82	79	67	228	228	523
4	2	김대중	80	90	77	247	247	571
5	3	이회창	99	73	80	252	252	584
6	4	김영삼	69	79	56	204	204	464
7	5	노태우	69	94	53	216	216	485
8	6	정주영	83	85	52	220	220	492
9	7	노무현	94	93	66	253	253	572
10	8	박근혜	91	83	64	238	238	540
11	9	안철수	80	74	78	232	232	542
12	10	문재인	64	62	83	209	209	501
13								

07 값 붙여넣기 그룹의 세 번째 항목인 **값 및 원본 서식**을 선택하면 해당하는 수식은 붙여넣기가 되질 않습니다.

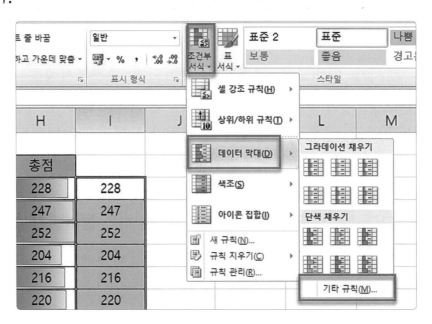

08 [I3:I12]을 범위지정한 후 **조건부 서식 – 데이터 막대 – 기타 규칙**을 차례대로 클릭합니다.

09 규칙 유형선택에서 **셀 값을 기준으로 모든 셀의 서식 지정**을 고른 후 **막대만 표시**를 체크하고 **막대모양**의 채우기는 칠로 되어 있으므로 색을 **빨강색**을 선택한 후 **확인**을 클릭합니다.

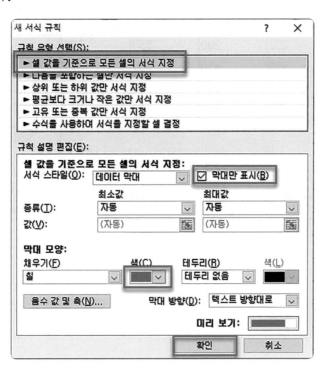

10 아래와 같이 결과가 표시가 됩니다. 채우기를 그라데이션으로 변경할 수도 있습니다. 직접 한 번 변경을 체험해 보세요.

	A	B	C	D	E	F	G	H	I
1									
2		번호	이름	워드	엑셀	포토샵	총점	총점	
3		1	박찬종	82	79	67	228	228	
4		2	김대중	80	90	77	247	247	
5		3	이회창	99	73	80	252	252	
6		4	김영삼	69	79	56	204	204	
7		5	노태우	69	94	53	216	216	
8		6	정주영	83	85	52	220	220	
9		7	노무현	94	93	66	253	253	
10		8	박근혜	91	83	64	238	238	
11		9	안철수	80	74	78	232	232	
12		10	문재인	64	62	83	209	209	

🖱 셀 강조규칙

01 ❶**강조규칙** 시트를 클릭한 후 합계가 구해진 ❷[F5:F19]를 범위로 지정합니다.

3	부서	분기별 판매수량				합계
4		1사분기	2사분기	3사분기	4사분기	
5	영업1팀	250	200	250	250	950
6	영업2팀	350	350	350	350	1,400
7	영업3팀	650	700	300	650	2,300
8	영업4팀	700	520	400	700	320
18	영업14팀	300	500	550	400	1,750
19	영업15팀	800	1100	450	500	2,850
20	합계	7,390	7,600	6,640	7,400	29,030
21						
22						
23						
24						

조건부서식 / 강조규칙 / 칙 / 막대 / 색조 / 아이콘 / 수식 / 시세표
준비

02 2,000개 이상의 항목은 녹색으로 표시하기 위해 홈 탭에서 **조건부서식 – 셀 강조 규칙 – 보다 큼**을 차례대로 클릭합니다.

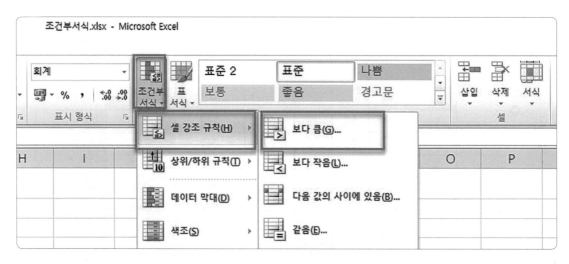

03 앞 칸에는 값을 2000을 입력한 후 적용할 서식은 **진한 녹색 텍스트가 있는 녹색 채 우기**를 선택한 후 확인을 클릭합니다.

보다 큼   ?   ×

다음 값보다 큰 셀의 서식 지정:

| 2000 | | 적용할 서식: | 진한 녹색 텍스트가 있는 녹색 채우기 | ⌄ |

확인   취소

🖱 상위/하위규칙

01 고가점수를 3%인 사람만 빨간색으로 표시하여 시각화하기 위해 **상하위규칙** 시트를 선택한 후 [F5:F27]을 범위로 지정합니다.

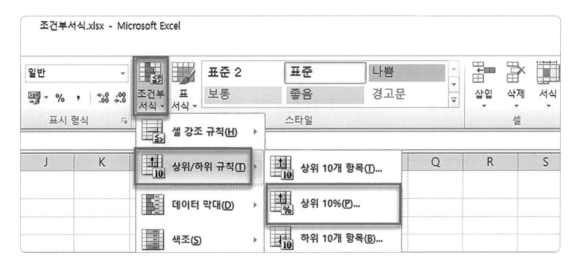

3	성명	업적평가(50)		능력평가(50)		고과점수	
4		업무성과	기여도	업무수행	자기계발		
5	최은지	20	24	20	23	87	
6	박민중	23	18	20	14	75	
7	김송인	15	24	15	23	77	
8	정수남	20	25	18	16	79	
9	이명수	18	20	20	18	76	
10	박상중	24	20	23	15	82	
11	나문이	25	15	15	19	74	
12	마상태	20	18	20	10		
22	이승철	14	14	16	20	64	
23	강송구	20	20	18	20	78	
24	최은지	18	23	15	14	70	
25	박민중	21	24	20	23	88	
26	이명수	18	20	14	15	67	
27	박상중	15	15	11	20	61	
28							

조건부서식1 / 상하위규칙 / 막대 / 색조 / 아이콘 / 수식

02 홈 탭의 **조건부서식 – 상위/하위 규칙 – 상위 10%**를 차례대로 선택합니다.

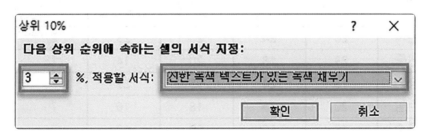

03 10%를 **3%**로 변경한 후 **진한 빨강 텍스트가 있는 연한 빨강 채우기**를 선택한 후 확인을 클릭합니다.

상위 10%

다음 상위 순위에 속하는 셀의 서식 지정:

[3] %, 적용할 서식: [진한 빨강 텍스트가 있는 연한 빨강 채우기]

확인　취소

데이터 시각화

🖱 평균초과 표시하기

01 [F5:F27]을 범위로 지정한 후 **조건부서식 – 상위/하위규칙 – 평균초과**를 차례대로 선택합니다.

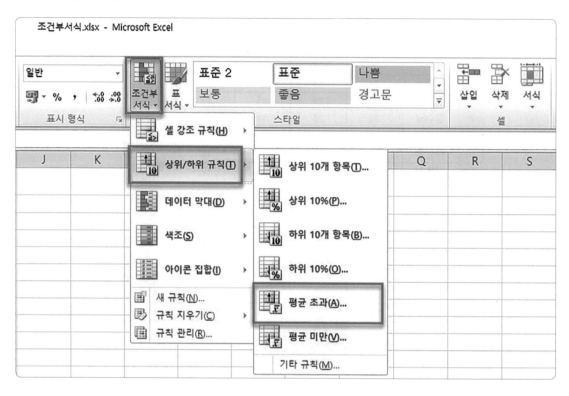

02 적용할 서식을 진한 **녹색 텍스트가 있는 녹색 채우기**를 선택한 후 확인을 클릭합니다.

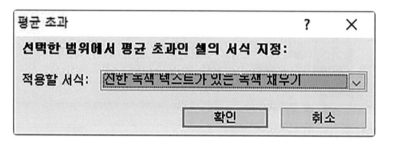

03 아래와 같은 결과로 시각화가 됩니다.

	A	B	C	D	E	F	G
1		인사고과 평가표					
2							
3	성명	업적평가(50)		능력평가(50)		고과점수	
4		업무성과	기여도	업무수행	자기계발		
5	최은지	20	24	20	23	87	
6	박민중	23	18	20	14	75	
7	김송인	15	24	15	23	77	
8	정수남	20	25	18	16	79	
9	이명수	18	20	20	18	76	

🖱 규칙 지정하기

01 **시세표** 시트를 열어준 후 [C4:C32] 셀을 **복사**해서 H4셀에 **붙여넣기**를 합니다.

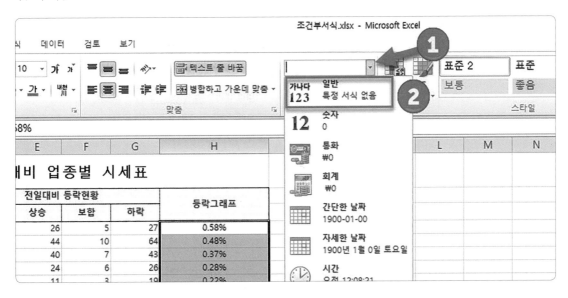

02 [H4:H32] 셀 범위가 지정된 상태에서 ❶**셀 서식**에서 표시형식을 ❷**일반**으로 변경합니다.

03 [H4:H10]까지 양수로 보이는 것만 범위를 설정한 후 **조건부서식 – 데이터 막대 – 기타 규칙**을 차례대로 선택합니다.

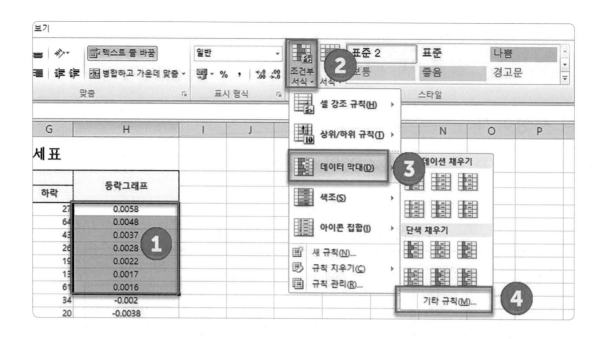

04 새 규칙 서식 대화상자에서 **막대만 표시**를 체크한 후 가장 짧은 막대의 종류를 **숫자**로 값은 **0**을 입력한 후 **확인**을 클릭합니다.

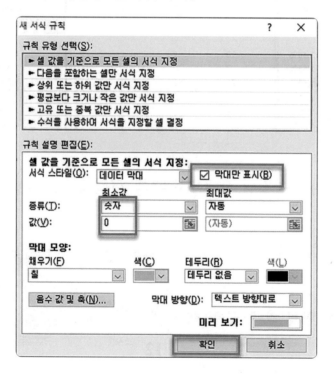

05 [H11:H32]까지 음수만 범위를 설정한 후 **조건부서식 – 데이터 막대 – 기타 규칙**을 다시 선택합니다.

06 새 규칙 서식 대화상자에서 **막대만 표시**를 체크한 후 **가장 짧은 막대의 종류**인 최소값을 자동에서 **숫자**로 변경한 후 **값** 칸에 클릭한 후 셀 0을 지워준 후 C11을 클릭합니다. **가장 긴 막대의 종류**인 최대값을 자동을 숫자으로 변경한 후 **값** 칸에 클릭한 후 0을 지워준 후 셀 **C32**를 클릭한 후 막대 색을 **빨간색**으로 지정한 후 막대방향

을 **오른쪽에서 왼쪽**으로 변경한 후 **확인**을 클릭합니다.

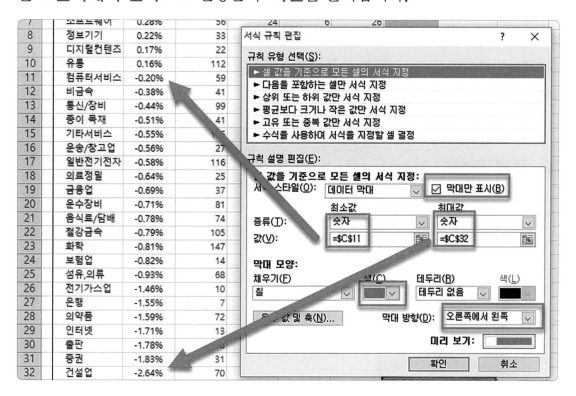

07 아래와 같이 결과가 시각화됩니다.

업종명	전일대비	전일대비 등락현황				등락그래프
		전체	상승	보합	하락	
IT 반도체	0.58%	58	26	5	27	
기계/장비	0.48%	118	44	10	64	
IT 부품	0.37%	90	40	7	43	
소프트웨어	0.28%	56	24	6	26	
정보기기	0.22%	33	11	3	19	
디지털컨텐츠	0.17%	22	9	0	13	
유통	0.16%	112	39	12	61	
컴퓨터서비스	-0.20%	59	18	7	34	
비금속	-0.38%	41	13	8	20	
통신/장비	-0.44%	99	30	12	57	
종이 목재	-0.51%	41	12	6	23	
기타서비스	-0.55%	105	27	29	49	
운송/창고업	-0.56%	27	5	3	19	
일반전기전자	-0.58%	116	24	23	69	
의료정밀	-0.64%	25	9	0	16	
금융업	-0.69%	37	11	5	21	
운수장비	-0.71%	81	21	10	50	
음식료/담배	-0.78%	74	20	12	42	
철강금속	-0.79%	105	21	11	73	
화학	-0.81%	147	42	11	94	
보험업	-0.82%	14	3	3	8	
섬유,의류	-0.93%	68	22	6	40	
전기가스업	-1.46%	10	1	2	7	
은행	-1.55%	7	0	0	7	
의약품	-1.59%	72	11	4	57	
인터넷	-1.71%	13	2	0	11	
출판	-1.78%	18	4	1	13	
증권	-1.83%	31	2	1	28	
건설업	-2.64%	70	9	9	52	

🖱 규칙 변경하기

01 조건부 서식을 다시 눌러서 작업하게 되면 새롭게 조건부 서식이 적용됩니다. 이미 시각화한 서식을 수정하기 위해 **[H3:H10]**를 범위로 지정한 후 **조건부 서식 – 규칙 관리**를 차례대로 클릭합니다.

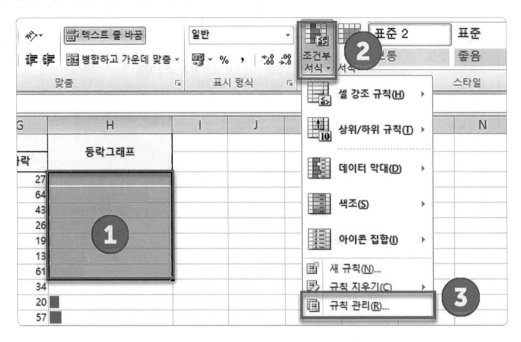

02 조건부 서식 규칙 관리자 대화상자가 나오면 이미 지정된 서식의 목록이 나옵니다. **데이터 막대를 더블클릭**합니다.

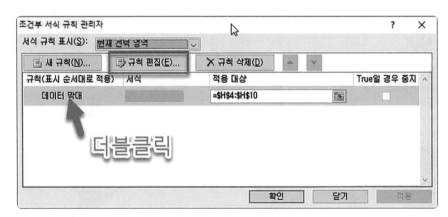

03 수정할 대화상자가 나오면 채우기를 **그라데이션 채우기**로 변경한 후 **확인**을 클릭합니다.

04 다시 대화상자로 되돌아오면 확인을 클릭해서 변경을 확인합니다.

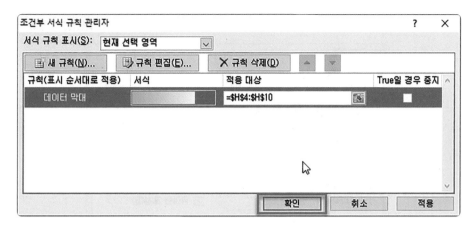

05 다시 음수부분을 변경하기 위해 [H11:H32]까지 범위를 지정한 후 **조건부 서식 – 규칙 관리**를 차례대로 클릭합니다.

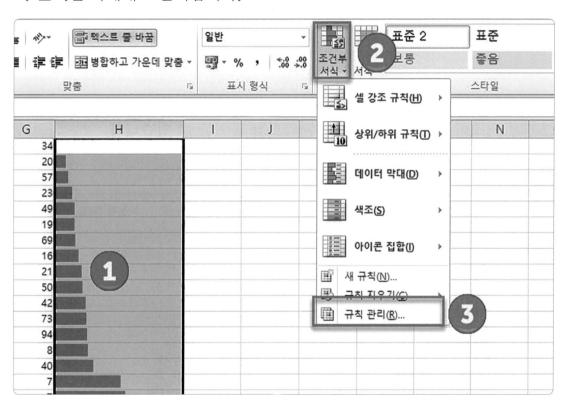

06 조건부 서식 규칙 관리자 대화상자에서 수정할 **데이터 막대**를 더블클릭합니다.

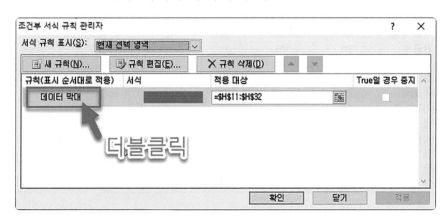

07 서식 규칙 편집 대화상자가 나오면 채우기를 **그라데이션 채우기**로 변경한 후 **확인**을 클릭합니다.

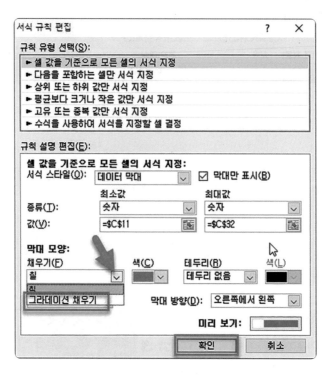

08 조건부 서식이 변경된 그라데이션 시각화를 확인할 수 있습니다.

	업종명	전일대비	전일대비 등락현황				등락그래프
			전체	상승	보합	하락	

<table>
<tr><th colspan="8" style="text-align:center">전일 대비 업종별 시세표</th></tr>
</table>

행	업종명	전일대비	전체	상승	보합	하락	등락그래프
4	IT 반도체	0.58%	58	26	5	27	
5	기계/장비	0.48%	118	44	10	64	
6	IT 부품	0.37%	90	40	7	43	
7	소프트웨어	0.28%	56	24	6	26	
8	정보기기	0.22%	33	11	3	19	
9	디지털컨텐츠	0.17%	22	9	0	13	
10	유통	0.16%	112	39	12	61	
11	컴퓨터서비스	-0.20%	59	18	7	34	
12	비금속	-0.38%	41	13	8	20	
13	통신/장비	-0.44%	99	30	12	57	
14	종이 목재	-0.51%	41	12	6	23	
15	기타서비스	-0.55%	105	27	29	49	
16	운송/창고업	-0.56%	27	5	3	19	
17	일반전기전자	-0.58%	116	24	23	69	
18	의료정밀	-0.64%	25	9	0	16	
19	금융업	-0.69%	37	11	5	21	
20	운수장비	-0.71%	81	21	10	50	
21	음식료/담배	-0.78%	74	20	12	42	
22	철강금속	-0.79%	105	21	11	73	
23	화학	-0.81%	147	42	11	94	
24	보험업	-0.82%	14	3	3	8	
25	섬유,의류	-0.93%	68	22	6	40	
26	전기가스업	-1.46%	10	1	2	7	
27	은행	-1.55%	7	0	0	7	
28	의약품	-1.59%	72	11	4	57	
29	인터넷	-1.71%	13	2	0	11	
30	출판	-1.78%	18	4	1	13	
31	증권	-1.83%	31	2	1	28	

🖱 조건부 서식 일부만 규칙 지우기

01 조건부 서식을 시트 전체에서 지우기와 선택한 셀의 규칙 지우기로 2가지 지우기가 있습니다.

02 선택한 셀의 규칙을 지우기 위해 **조건부서식1** 시트를 선택한 후 서식이 지정된 [H3:I12]까지 범위를 지정합니다.

	A	B	C	D	E	F	G	H	I
1									
2		번호	이름	워드	엑셀	포토샵	총점	총점	
3		1	박찬종	82	79	67	228	228	
4		2	김대중	80	90	77	247	247	
5		3	이회창	99	73	80	252	252	
6		4	김영삼	69	79	56	204	204	
7		5	노태우	69	94	53	216	216	
8		6	정주영	83	85	52	220	220	
9		7	노무현	94	93	66	253	253	
10		8	박근혜	91	83	64	238	238	
11		9	안철수	80	74	78	232	232	
12		10	문재인	64	62	83	209	209	
13									

03 조건부 서식 – 규칙 지우기 – 선택한 셀의 규칙 지우기를 차례대로 선택합니다.

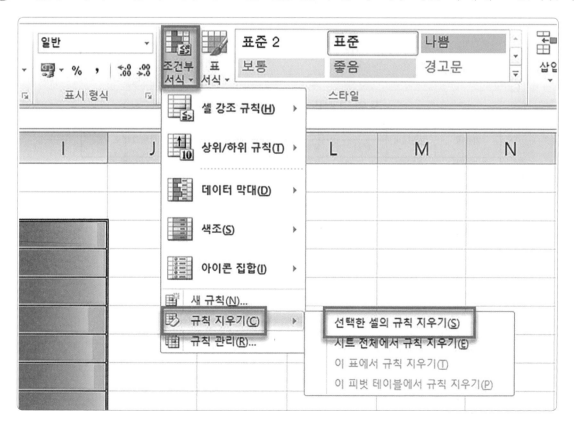

🖱 조건부 서식이 적용된 시트 전체 규칙 지우기

01 조건부 서식이 적용된 시트에서 규칙 지우기는 범위를 지정하지 않더라도 현재의 시트에 적용된 규칙을 지우게 됩니다.

02 **시세표** 시트를 선택한 후 **조건부 서식 – 규칙 지우기 – 시트 전체에서 규칙 지우기**를 차례대로 클릭합니다.

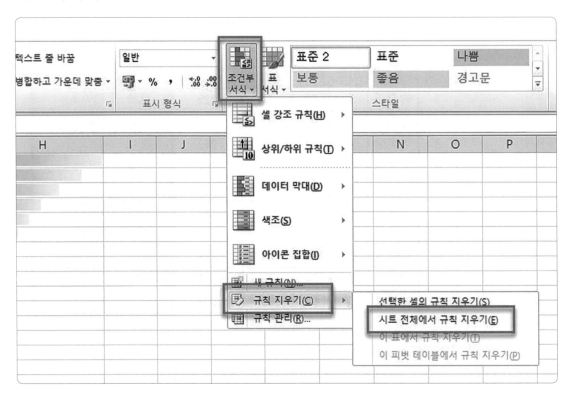

03 아래와 같이 조건부 서식은 지워지게 됩니다.

⊿ A	B	C	D	E	F	G	H	I
1			전일 대비 업종별 시세표					
2	업종명	전일대비	전일대비 등락현황				등락그래프	
3			전체	상승	보합	하락		
4	IT 반도체	0.58%	58	26	5	27	0.0058	
5	기계/장비	0.48%	118	44	10	64	0.0048	
6	IT 부품	0.37%	90	40	7	43	0.0037	
7	소프트웨어	0.28%	56	24	6	26	0.0028	
8	정보기기	0.22%	33	11	3	19	0.0022	
9	디지털컨텐츠	0.17%	22	9	0	13	0.0017	
10	유통	0.16%	112	39	12	61	0.0016	
11	컴퓨터서비스	-0.20%	59	18	7	34	-0.002	
12	비금속	-0.38%	41	13	8	20	-0.0038	
13	통신/장비	-0.44%	99	30	12	57	-0.0044	
14	종이 목재	-0.51%	41	12	6	23	-0.0051	
15	기타서비스	-0.55%	105	27	29	49	-0.0055	
16	운송/장고업	-0.56%	27	5	3	19	-0.0056	
17	일반전기전자	-0.58%	116	24	23	69	-0.0058	
18	의료정밀	-0.64%	25	9	0	16	-0.0064	
19	금융업	-0.69%	37	11	5	21	-0.0069	
20	운수장비	-0.71%	81	21	10	50	-0.0071	
21	음식료/담배	-0.78%	74	20	12	42	-0.0078	
22	철강금속	-0.79%	105	21	11	73	-0.0079	

1. 정렬하기   2. 필터로 선별하기
3. 부분합으로 요약하기

🔍 미리보기

	B3	▾	fx				

1 2 3	A	B	C	D	E	F	G	H
1			1 사 분 기 제 품 판 매 현 황					
2								
3		일자	분류	제품명	거래처	단가	수량	금액
4		01. 02	신생아완구	치아발육기	나들가게	9,010	41	369,410
5		01. 02	지능계발	블록	통통마트	12,680	46	583,280
6		01. 02	놀이완구	운전놀이	통통마트	5,490	23	126,270
7		01. 02 요약						1,078,960
8		01. 03	지능계발	끼우기	통통마트	34,750	6	208,500
9		01. 03 요약						208,500
10		01. 04	놀이완구	병원놀이	플레이센터	24,040	42	1,009,680
11		01. 04	신생아완구	치아발육기	하나로마트	7,780	8	62,240
12		01. 04	지능계발	퍼즐	하나로마트	23,440	34	796,960
13		01. 04 요약						1,868,880
14		01. 05	놀이완구	소꿉놀이	키티완구	24,170	40	966,800
15		01. 05	승용완구	스프링놀이	키티완구	25,420	39	991,380
16		01. 05	지능계발	블록	플레이센터	13,860	27	374,220
17		01. 05 요약						2,332,400
18		01. 06	놀이완구	병원놀이	상열완구	22,990	6	137,940
19		01. 06	지능계발	퍼즐	하나로마트	23,690	40	947,600

📝 이런 것을 배워요

❶ 가나다라 순서대로 나열해서 찾기 편하게 합니다.

❷ 필터를 사용해 원하는 것만 추출할 수 있습니다.

❸ 부분합을 이용하여 원하는 함수로 요약하게 됩니다.

데이터 분석과 요약

🖰 가나다라 순서로 나열하기

01 예제 파일을 다운로드한 폴더에서 "**정렬.xlsx**"를 열어줍니다.

02 파일 – 다른 이름으로 저장하기를 클릭해서 파일이름 칸에 **정렬-사본.xlsx**을 입력한 후 저장버튼을 클릭합니다. 원본을 항상 보관해 두는 습관이 중요하므로 사본을 만들어서 작업하도록 합니다.

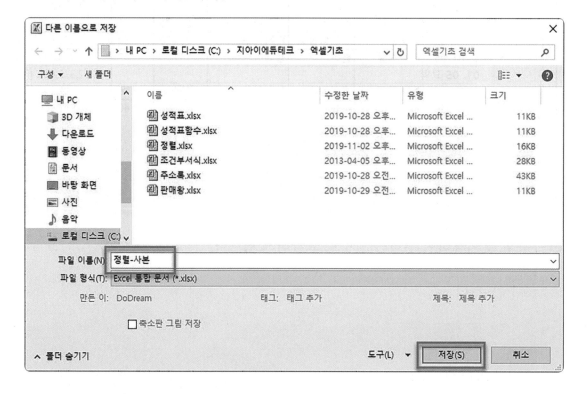

03 거래처를 **가나다라** 순서대로 보려면 항목에서 ❶거래처를 클릭한 후 ❷데이터 탭에서 정렬 및 필터 그룹의 ❸오름차순 버튼을 클릭합니다.

3	일자	분류	제품명	거래처		수량	금액
4	01. 02	신생아완구	치아발육기	나들가게	9,010	41	369,410
5	01. 02	놀이완구	운전놀이	통통마트	5,490	23	126,270
6	01. 02	지능계발	블록	통통마트	12,680	46	583,280
7	01. 03	지능계발	끼우기	통통마트	34,750	6	208,500
8	01. 04	신생아완구	치아발육기	하나로마트	7,780	8	62,240
9	01. 04	지능계발	퍼즐	하나로마트	23,440	34	796,960
10	01. 04	놀이완구	병원놀이	플레이센터	24,040	42	1,009,680
11	01. 05	놀이완구	소꿉놀이	키티완구	24,170	40	966,800

04 정렬하기 전에는 일자 항목의 날짜순으로 나타났지만 거래처를 오름차순으로 정렬하게 된 결과는 아래와 같이 동일한 거래처가 모이게 됩니다.

3	일자	분류	제품명	거래처	단가	수량	금액
4	01. 02	신생아완구	치아발육기	나들가게	9,010	41	369,410
5	01. 10	승용완구	킥보드	나들가게	30,910	19	587,290
6	01. 17	신생아완구	딸랑이	나들가게	1,790	19	34,010
7	02. 04	승용완구	스프링놀이	나들가게	22,100	19	419,900
8	02. 06	승용완구	씽씽이	나들가게	9,000	12	108,000
9	02. 10	놀이완구	병원놀이	나들가게	21,950	42	921,900
10	02. 24			나들가게	10,990	49	538,510
11	03. 04		소꿉놀이	나들가게	22,050	35	771,750
12	03. 04	지능계발	퍼즐	나들가게	24,950	35	873,250
13	03. 05			나들가게	1,490	31	46,190
14	03. 10	신생아완구	오뚝이	나들가게	3,590	13	46,670
15	03. 16	승용완구	흔들말	나들가게	24,300	48	1,166,400
16	03. 20	놀이완구	낚시놀이	나들가게	10,010	21	210,210
17	03. 23	놀이완구	운전놀이	나들가게	5,620	26	146,120
18	01. 28	승용완구	스프링놀이	사랑 문구	25,420	31	788,020
19	02. 04	승용완구	스프링놀이	사랑 문구	21,880	21	459,480
20	02. 14	신생아완구	딸랑이	사랑 문구	1,500	11	16,500
21	02. 17	신생아완구	치아발육기	사랑 문구	7,940	15	119,100
22	03. 01	신생아완구	모빌	사랑 문구	13,100	33	432,300

05 이번 정렬하려고 하는 방법은 **제품명을 가나다 순서**로 정하면 같은 제품명이 모이게 됩니다. 2순위로 **거래처를 가나다 순서**로 정렬하려고 합니다. 1순위로 정렬할 항목명인 제품명 항목이 있는 D3셀을 클릭한 후 정렬 및 필터 그룹의 **정렬** 버튼을 클릭합니다.

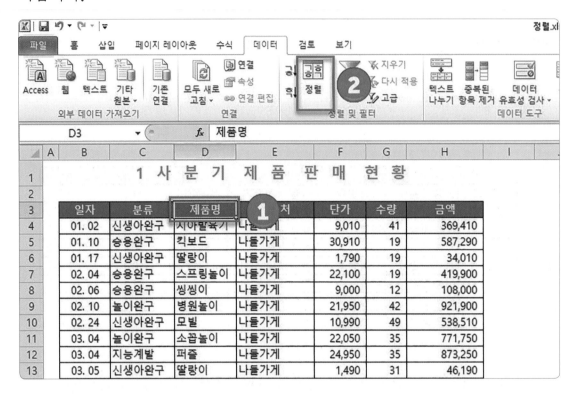

06 정렬기준이 **거래처**로 되어있는데 드롭다운을 클릭해서 **제품명**으로 변경합니다. 앞의 정렬과정에서 거래처로 정렬을 했었기 때문에 이렇게 보이는 것으로 언제든지 정렬기준은 변경할 수 있습니다.

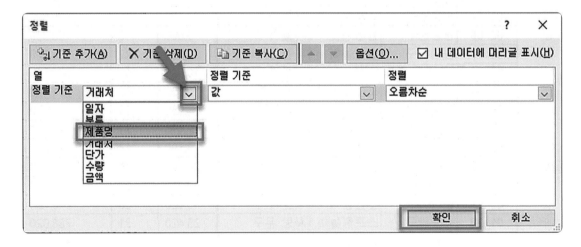

07 2순위 정렬을 추가하기 위해 **기준 추가** 버튼을 클릭한 후 다음 기준을 **거래처**로 변경한 후 **확인** 버튼을 클릭하면 2개의 기준으로 정렬을 하게 됩니다.

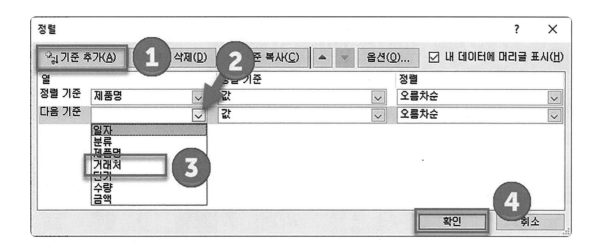

08 제품명을 기준으로 오름차순 정렬이 되었는데 낚시놀이를 보면 거래처가 다시 오름
차순으로 2차 정렬되어 있는 것을 확인할 수 있습니다.

	A	B	C	D	E	F	G	H
1			1 사 분 기 제 품 판 매 현 황					
2								
3		일자	분류	제품명	거래처	단가	수량	금액
4		01. 03	지능계발	끼우기	통통마트	34,750	6	208,500
5		01. 14	지능계발	끼우기	통통마트	27,160	40	1,086,400
6		03. 25	지능계발	끼우기	통통마트	29,790	47	1,400,130
7		03. 20	놀이완구	낚시놀이	나들가게	10,010	21	210,210
8		01. 20	놀이완구	낚시놀이	상열완구	10,290	11	113,190
9			놀이완구	낚시놀이	키티완구	10,470		523,500
10		02. 20	놀이완구	낚시놀이	키티완구	9,470	26	246,220
11		03. 20	놀이완구	낚시놀이	키티완구	8,380	19	159,220
12		01. 18	놀이완구	낚시놀이	플레이센터	10,650	29	308,850
13		01. 27	놀이완구	낚시놀이	플레이센터	10,470	40	418,800
14		03. 06	놀이완구	낚시놀이	플레이센터	9,920	29	287,680
15		01. 17	신생아완구	딸랑이	나들가게	1,790	19	34,010
16		03. 05	신생아완구	딸랑이	나들가게	1,490	31	46,190
17		02. 14	신생아완구	딸랑이	사랑 문구	1,500	11	16,500
18		02. 17	신생아완구	딸랑이	키티완구	1,550	10	15,500
19		01. 23	신생아완구	딸랑이	하나로마트	1,380	28	38,640
20		03. 26	지능계발	롤러코스터	사랑 문구	45,430	37	1,680,910
21		02. 19	지능계발	롤러코스터	상열완구	40,430	39	1,576,770

■ 알고 넘어가기

정렬을 하게 되면 데이터가 순서대로 나열되어 찾는 것이 쉬워지기도 하지만 이것보다 더
중요한 것은 같은 순서일 경우 그룹으로 모이게 되어 분석이나 요약하기 쉬워집니다. 그
래서 메뉴의 순서도 정렬이 제일 먼저 나오고 필터링 작업이 나오고 마지막에 부분합 및
요약이 나오게 된 것입니다. 수 많은 데이터를 입력한 후 분석 및 요약을 하기 위해서 가
장 중요한 것이 **정렬**이란 작업입니다.

01 거래처가 모두 나열되는 것이 아니라 **나들가게**만 나타나게 할 경우가 있습니다. **거래처** 항목을 클릭한 후 **데이터 – 필터**를 클릭합니다.

02 항목명 오른쪽에 드롭다운 버튼이 보이게 되는데 앞으로 필터버튼이라고 합니다. **거래처** 필터버튼을 클릭한 후 나타나는 목록에서 **모두 선택**의 옵션버튼을 클릭해서 **체크를 해제**합니다.

03 필터링 할 항목 **나들가게를 체크**한 후 확인을 클릭합니다.

04 아래의 결과처럼 **나들가게**만 표시되어 나타납니다. 거래처 항목의 옆에는 ![필터] 깔대기 모양의 버튼이 필터적용된 것을 알려주는 것이고 **행버튼은 파란색**으로 변경됩니다.

	일자	분류	제품명	거래처	단가	수량	금액
6	01. 02	신생아완구	치아발육기	나들가게	9,010	41	369,410
20	01. 10	승용완구	킥보드	나들가게	30,910	19	587,290
24	01. 17	신생아완구	딸랑이	나들가게	1,790	19	34,010
41	02. 04	승용완구	스프링놀이	나들가게	22,100	19	419,900
44	02. 06	승용완구	씽씽이	나들가게	9,000	12	108,000
46	02. 10	놀이완구	병원놀이	나들가게	21,950	42	921,900
57	02. 24	신생아완구	모빌	나들가게	10,990	49	538,510
67				게	22,050	35	771,750
68	03. 04	지능계발	퍼즐	나들가게	24,950	35	873,250
69	03. 05	신생아완구	딸랑이	나들가게	1,490	31	46,190
73	03. 10	신생아완구	오뚝이	나들가게	3,590	13	46,670
80	03. 16	승용완구	흔들말	나들가게	24,300	48	1,166,400
82	03. 20	놀이완구	낚시놀이	나들가게	10,010	21	210,210
87	03. 23	놀이완구	운전놀이	나들가게	5,620	26	146,120

행번호가 파란색

05 필터링 한 데이터를 다시 모두표시 하려면 정렬 및 필터 그룹에서 **지우기**를 클릭하면 필터된 데이터만 모두 표시하게 됩니다.

06 **분류** 항목에서 **놀이완구**와 **지능계발**을 필터링해서 표시하려고 합니다. **분류**를 클릭한 후 **승용완구, 신생아완구**는 체크를 해제하고 **놀이완구**와 **지능계발**은 그대로 체크된 상태로 **확인**을 클릭합니다.

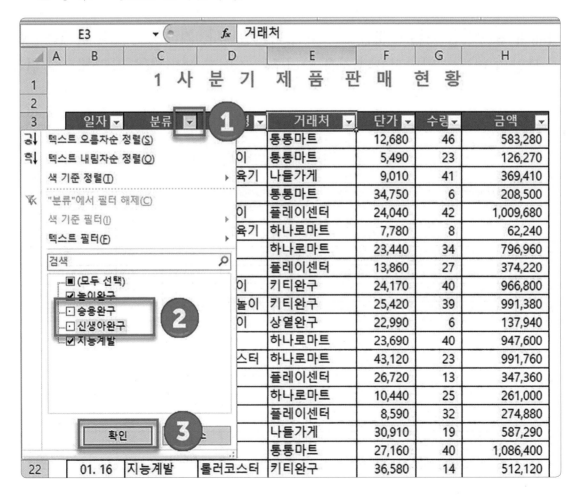

07 **거래처** 필터버튼을 클릭하고 **모두 선택**을 클릭해서 체크된 항목을 해제한 후 **통통마트**만 체크한 후 **확인** 버튼을 클릭합니다.

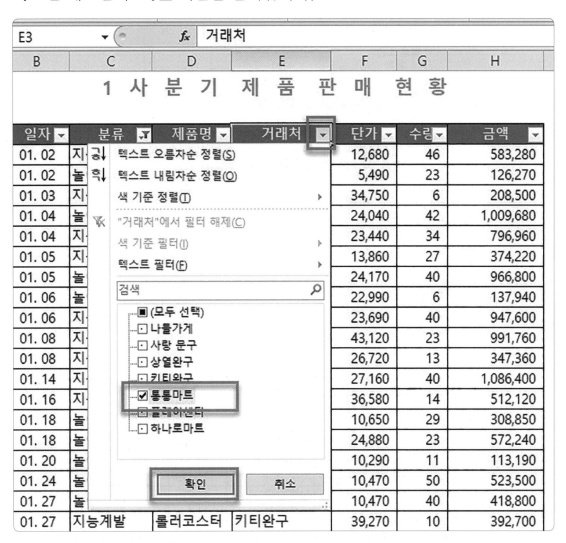

08 필터링한 결과를 모두 지우기 한 후 금액에서 1,000,000원 이상인 데이터만 필터링하도록 합니다.

09 금액을 **1000000**을 입력한 후 **확인** 버튼을 클릭합니다. 숫자를 입력할 때는 1,000,000 식으로 **콤마를 입력하면 안됩니다.**

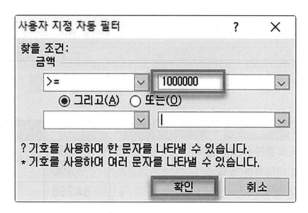

10 아래와 같이 금액이 1,000,000원 이상인 데이터만 필터링되어 표시가 됩니다.

🖱 부분합은 정렬한 후 작업

01 E3셀을 클릭한 후 데이터 탭에서 **정렬**을 **오름차순**으로 합니다. 부분합을 하기전 **반드시 정렬해서 그룹으로 모아야 합니다.**

02 데이터 탭에서 **부분합**을 클릭합니다.

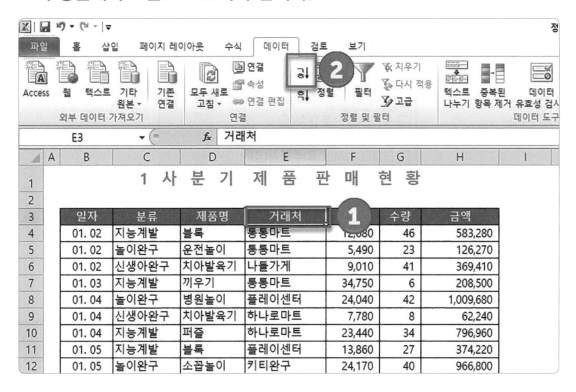

03 부분합 대화상자에서 그룹화할 항목은 정렬기준인 **거래처**를 선택하고, 사용할 함수
는 **합계**를 선택한 후 합계 적용될 항목인 **금액**을 체크한 후 확인을 클릭합니다.

04 정렬된 항목을 그룹으로 묶어서 1,2,3단계로 오른쪽에 표시가 되어있습니다. 2단계
를 클릭하면 거래처별로 합계를 구해서 나타납니다.

05 데이터를 요약했지만 건수가 표시 되었으면 더 좋은 요약이 될 듯합니다. **부분합**을
다시 클릭합니다.

06 사용할 함수는 개수로 선택하고 **새로운 값으로 대치는 반드시 체크를 해제**한 후 확인을 클릭합니다. 부분합에 두 가지를 적용할 때 반드시 [새로운 값으로 대치]는 해제해야 합니다.

07 그룹화가 4단계로 확장이 되었으며 3단계의 장면이 나오는데 요약, 개수로 부분합을 구해서 화면에 나타나게 됩니다. 1,2,3,4 단계 버튼을 클릭해서 화면에 요약이 어떻게 표시되는지 확인합니다.

08 데이터 탭에서 **부분합**을 클릭한 후 **모두 제거**를 클릭하면 부분합의 기능이 해제가 됩니다.

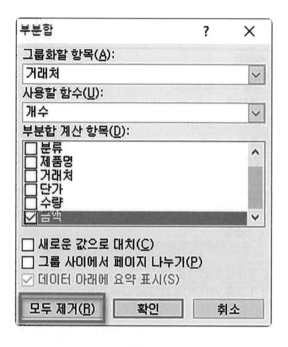

■ 부분합 연습해 보기

일자 항목을 오름차순 정렬을 한 후 부분합을 적용해 보세요. 먼저 일자 항목을 클릭한 후 정렬을 오름차순으로 정한 후 부분합에서 그룹화 항목을 일자로 정한 후 사용할 함수는 합계로 선택합니다.

	B3		fx				
	A	B	C	D	E	F	G	H

1 사 분 기 제 품 판 매 현 황

	일자	분류	제품명	거래처	단가	수량	금액
4	01. 02	신생아완구	치아발육기	나들가게	9,010	41	369,410
5	01. 02	지능계발	블록	통통마트	12,680	46	583,280
6	01. 02	놀이완구	운전놀이	통통마트	5,490	23	126,270
7	01. 02 요약						1,078,960
8	01. 03	지능계발	끼우기	통통마트	34,750	6	208,500
9	01. 03 요약						208,500
10	01. 04	놀이완구	병원놀이	플레이센터	24,040	42	1,009,680
11	01. 04	신생아완구	치아발육기	하나로마트	7,780	8	62,240
12	01. 04	지능계발	퍼즐	하나로마트	23,440	34	796,960
13	01. 04 요약						1,868,880
14	01. 05	놀이완구	소꿉놀이	키티완구	24,170	40	966,800
15	01. 05	승용완구	스프링놀이	키티완구	25,420	39	991,380
16	01. 05	지능계발	블록	플레이센터	13,860	27	374,220
17	01. 05 요약						2,332,400
18	01. 06	놀이완구	병원놀이	상열완구	22,990	6	137,940
19	01. 06	지능계발	퍼즐	하나로마트	23,690	40	947,600